Lauenburgische Seen
und Naturpark Schaalsee

Lauenburgische Seen und Naturpark Schaalsee

Barbara Denker und Karl Heinz Molkenthin

Schriftenreihe der Stiftung Herzogtum Lauenburg, Band Nr. 21

Die Deutsche Bibliothek — CIP - Einheitsaufnahme
Lauenburgische Seen und Naturpark Schaalsee /
Barbara Denker und Karl Heinz Molkenthin. – Hamburg :
Christians, 1996
(Schriftenreihe der Stiftung Herzogtum Lauenburg ; Nr. 21)
ISBN 3-7672-1262-5
NE: Denker, Barbara; Molkenthin, Karl Heinz; Stiftung
Herzogtum Lauenburg: Schriftenreihe der Stiftung ...

© Christians Verlag, Hamburg, 1996
Printed in Germany
Lektorat: Editha Thomas, Dresden
Kartenillustrationen: Kathrin Pitzl
Gestaltung: Carsten Best
ISBN 3-7672-1262-5

Kartenempfehlung
Trotz der in diesem Band enthaltenen Tourenkarten und der Übersicht
auf dem Vorsatz können dem Touristen folgende Karten nützlich sein:
1. »Kreis Herzogtum Lauenburg«, offizielle Rad- und Wanderkarte,
   von Lauenburg bis Lübeck, 1:50 000
2. »Naturpark Lauenburgische Seen«, von Büchen im Süden bis zur
   Nordspitze des Großen Ratzeburger Sees, hrsg. vom Landes-
   vermessungsamt Schleswig-Holstein, 1:45 000
3. »Lauenburgische Seen«, Naturpark Lauenburgische Seen und
   Naturpark Schaalsee, 1:50 000, Kompaß-Spezialwanderkarte

Die Touren wurden unmittelbar vor dem Druck erneut abgelaufen.
Trotzdem können sich kurzfristig Veränderungen durch neue Mar-
kierung, andere Wegeführung u. ä. ergeben. Der Verlag wäre dankbar,
wenn die Leser solche Veränderungen mitteilten, damit die nächste
Auflage berichtigt werden kann.

Zeichenerklärung

 Museum

 Herrenhaus / Schloß

 Kirche

 Campingplatz

 Parkplatz

 Haltestelle

 Denkmal

 Sportplatz

 Gasthaus

 Wildgehege

 Kulturdenkmal

 Turm

 Ausblick

 Bahnhof

 Autobahn

 Bundesstraße

 Ortschaft

 Wald

 Gewässer

 Bach

 Eisenbahn

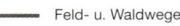 Autobahn

 Bundes- / Hauptstr.

 Landstraßen

Feld- u. Waldwege

 Tour

Tourbeginn

Alternativtour

Inhalt

Mit diesem Buch im Rucksack möchte ich sofort aufbrechen, um eine faszinierende Landschaft aufs neue zu entdecken.

Meine ersten Ausflüge in lauenburgische Seengebiete habe ich noch als Schüler gemacht, von Ahrensburg aus auf eigene Faust mit dem Fahrrad. So habe ich für mich den Ratzeburger Dom, die Möllner Altstadt, die »Zonengrenze« bei Wietingsbek und den Garrensee entdeckt. Mein erstes Pflanzenfoto zeigt die Sumpfcalla am Schwarzsee. Auch später hat es mich immer wieder hierher gezogen, und ich habe die Lauenburger Landschaft zu Fuß, mit dem Auto, im Ruderboot und immer wieder mit dem Fahrrad erkundet.

Was ist das Besondere an dieser lauenburgischen Erlebnislandschaft? Zunächst einmal ist sie von der Natur verwöhnt. Wo anders als im Hellbachtal können wir drei grundverschiedene Seentypen auf einem Rundgang von wenigen Kilometern antreffen? Welche Kleinstadt außer Mölln bietet ein Hochmoor inmitten der Stadt und alle Buchenwald-Typen, von der ärmsten zur reichsten Variante? Wo können wir auf einer Wanderung Sandtrockenrasen, Orchideenwiesen und Hochmoore kennenlernen? Wo gibt es auf kleinem Raum ein ähnliches Panorama der norddeutschen Geologie mit Tunneltälern, Wallbergen und Sanderflächen? Wo finden wir in der Nähe der Großstädte Hamburg und Lübeck Lebensräume für Kranich und Seeadler oder Laubfrosch und Rotbauchunke? Kein Wunder, daß das Herzogtum Lauenburg schon im vorigen Jahrhundert als gelobtes Land der Hamburger und Lübecker Botaniker, Geologen und Zoologen galt und von ihnen intensiv erforscht wurde.

Hinzu kommt die besondere Geschichte. Als alte Grenzmark geographisch und landschaftlich halb schleswigholsteinisch und halb mecklenburgisch, staatlich jahrhundertelang eigenständig unter den Askaniern, dann zu Hannover, zu Dänemark und zu Preußen gehörend, nimmt der Kreis Herzogtum Lauenburg eine Sonderstellung unter den schleswigholsteinischen Kreisen ein. Zeugen dieser Geschichte sind allenthalben zu finden: von slawischen Ringwällen über mittelalterliche Kirchen bis hin zu Herrenhäusern des 18. Jahrhunderts.

Das Herzogtum Lauenburg ist immer von wichtigen Verkehrswegen durchzogen oder doch zumindest berührt gewesen: die Elbe, die alte Handelsstraße von Lüneburg nach Lübeck, der Stecknitz-Kanal, die Lübeck-Büchener und die Berliner Eisenbahn, die heutigen Autobahnen, Bundes- und Kreisstraßen. Dennoch hat sich unser Gebiet weitgehend den Charakter einer ruhigen, vom Verkehrslärm verschonten Erholungslandschaft bewahren können, und es ist zu hoffen, daß dies auch für die Zukunft gelten wird. Die Erhaltung der lauenburgischen Seenlandschaft für zukünftige Generationen ist eine Verpflichtung für uns alle.

Diese Verpflichtung können wir nur erfüllen, wenn wir viele Menschen behutsam an die landschaftlichen Schätze heranführen; wenn wir sie für die lauenburgische Natur begeistern, sie zu Kennern und Liebhabern machen und sie als Bundesgenossen für den Schutz der Natur gewinnen können. Dies leistet dieses Buch. Barbara Denker und Karl Heinz Molkenthin haben hier ein unglaublich umfangreiches Wissen zusammengetragen und auf unterhaltsame Weise präsentiert. Ein Buch wie dieses habe ich mir immer für meine Wanderungen gewünscht: einen wirklich umfassenden Führer, der über Pflanzen und Tiere und das Werden der Landschaft ebenso kompetent unterrichtet wie über die Kulturgeschichte des Herzogtums Lauenburg. Vor allem aber einen Führer, der neugierig macht und einen reizt, die lauenburgische Seenlandschaft und die Schaalseeregion auf eigene Faust zu erkunden.

Zwei Naturparks in einer Landschaft beiderseits des ehemaligen Grenzstreifens

Der Teufel – so erzählt eine Sage vom Schaalsee – sollte der Äbtissin aus dem Kloster von Zarrentin in der Fastenzeit einen Korb mit Felchen (= Maränen) bringen. Sie stammte vom Bodensee und ›het son groten Jieper up Maränen kregen‹, die gewohnten Fische aus ihrer fernen Heimat. So engagierte sie den Teufel, ihr einige zu besorgen. Er mußte bis Mitternacht zurück sein, dafür verschrieb sie ihm ihre Seele. Gewissensbisse plagten sie aber doch, und sie schickte eine Nonne, die Uhr eine Stunde vorzustellen und die Betglocke zu läuten. Der Teufel war aber mit seiner Last schon am südlichen Schaalseeufer angelangt und hörte das Läuten. Voll Wut warf der Überlistete die Fische in die Wellen, und seitdem leben Maränen in der Tiefe des Sees. Noch heute können wir diese Spezialität, die es nur in sehr tiefen, sauberen Seen gibt, frisch oder geräuchert von den Schaalseefischern kaufen. ›Bi Techin, wo de Düvel de Fisch na den See rinsmeten har, dar fangt se hüüt noch de schönsten un besten‹, weiß die Sage in der plattdeutschen Mundart hier in Norddeutschland zu berichten.

Der Teufel und die Unterirdischen haben ihr Unwesen in vielen alten Sagen des Lauenburgischen getrieben, aber es gab immer ein pfiffiges Bäuerlein, das einen Nutzen aus seiner Schläue zog und den Teufel an der Nase herumführte.

Fleißige und schlaue Bauern muß es vor allem im südlichen Teil dieses Gebietes auf den mageren Sanderflächen auch heute noch geben, ist doch die Landwirtschaft neben dem Fremdenverkehr ein wichtiger Wirtschaftszweig dieser Gegend. Landwirtschaftlich genutzte Flächen sind hier aber nie langweilig. Ein weites Netz von artenreichen Knicks, typisch für die norddeutsche Landschaft, trennt die Wiesen und Felder, die im Mai mit leuchtend gelbem Raps das Auge des Wanderers erfreuen. Felder und Wiesen allein würden aber nicht viele Ausflügler verlocken. Der Naturpark »Lauenburgische Seen« und die Schaalseelandschaft haben noch viel mehr zu bieten.

Man hat es nirgends weit zum nächsten See. Über vierzig gibt es, und dabei sind Dorfteiche, Sölle und Waldweiher nicht mitgezählt. Einige sind sehr groß und laden zum Segeln und Baden, andere liegen verschwiegen in großen Waldgebieten. Hier regieren Fuchs, Reh und Wildschwein, und nur der stille Beobachter mit Fernglas und Fotoapparat ist auf den Wanderwegen erwünscht.

Die Wälder haben durch den unterschiedlichen, eiszeitlichen Untergrund typische Vegetationsformen. In den stattlichen Buchenwäldern überziehen im Frühling Anemonenteppiche das vorjährige Laub, mit Leberblümchen auf kalkhaltigem Untergrund oder Himmelsschlüsseln, die schon verblüht sein müssen, wenn das neue Blätterdach den Himmel verdunkelt. Die Kiefernforsten im Süden lassen mit ihren schütteren Nadeln so viel Sonne auf den Boden gelangen, daß eine reiche Grasflur mit vielen Kräutern entsteht. Hier kann man im Herbst Maronen und Butterpilze sammeln und im Heidekraut Hummeln und Bienen beobachten. Mit ihren Stelzwurzeln passen sich die Erlen unterschiedlichsten Wasserständen an. Im Erlenbruch gibt es manche Pflanzenrarität, und Frösche, Kröten und Libellen finden Aufzuchtplätze für ihren Nachwuchs. Die düsteren, geheimnisvollen Moore verlocken zu Streifzügen. Vergessen Sie aber bitte nie, die Natur zu schonen und auf den Wegen zu bleiben.

Nicht nur die Landschaft mit Seen, Wäldern und Mooren lohnt einen Besuch. Die Städte mit ihren historischen Stadtkernen um Dom, Stadthauptmannshof, Kloster oder Saline laden zu interessanten Unterbrechungen – Kultur total – nicht nur an Regentagen. Gutsanlagen und Mühlen, Feldstein- und Fachwerkkirchen in den beschaulichen Dörfern – oft schon aus dem 13. Jh. – lassen den Besucher verweilen. Viele dieser Dörfer zeigen zumindest in ihrem Kern noch die Entstehung aus Anger-, Zeilen-, Straßen- oder Rundlingsdorf.

Laten Se sick dorüm an'n Schaalsee un in'n »Naturpark Lauenburgische Seen« von de välen Eigenorten, de ringsüm in diss Landschaft noch tau finnen sünd, von verdrömte Dörper un Städe, ehr Geschicht un Traditschon oewerraschen. De Inwaner von dissen schönen Placken Ierd seggen hartlich willkamen. (Lassen Sie sich also am Schaalsee und im »Naturpark Lauenburgische Seen« von einer Vielfalt an Lebensräumen, von verträumten Dörfern und Städtchen, Geschichte

und alter Tradition überraschen. Die Bewohner dieser schönen Landschaft heißen Sie herzlich willkommen.)

Wie man hierher kommt:

Dieser abwechslungsreiche Landstrich ist einfach mit Bahn und Pkw zu erreichen. Autobahnanbindungen führen von Süden über Hamburg, von Osten über Berlin. Von Lübeck im Norden und Lüneburg im Süden als Endpunkte dieses vielseitigen Wandergebietes gibt es gute Straßenverbindungen ins Zentrum des Naturparks »Lauenburgische Seen« nach Mölln. Zarrentin mit dem Naturpark »Schaalsee« ist von der gleichnamigen Autobahnabfahrt der A 24 gut zu erreichen. Auch mit der Eisenbahn gibt es von den genannten Orten gute Verbindungen zu den Städten der Region. An Sonn- und Feiertagen fährt ein speziell eingerichteter Wanderbus die Besucher des Naturparks »Lauenburgische Seen« mehrmals am Tag zu den interessantesten Wandergebieten und holt sie auch wieder ab.

Obotriten und Sachsen, Wälle und Adelsburgen, Salzstraßen und Handelswege

Unser Wandergebiet ist seit Jahrtausenden besiedelt. Die Hinterlassenschaften der ersten Bewohner dieser schönen Landschaft kann der interessierte Wanderer in den Heimatmuseen der Region studieren. Eifrige Heimatforscher fanden sie in Fülle. Aber auch der aufmerksame Spaziergänger findet gelegentlich eine Klinge, einen Abschlag oder einen Kernstein aus glashartem Flint. Sie stammen schon aus der Mittleren Steinzeit (etwa 7500 bis 4000 v. u. Z.) oder – in bereits vervollkommneter Form – aus der Jungsteinzeit (etwa 4000 bis 1800 v. u. Z.).

Zu den eindrucksvollsten Zeugnissen dieser Zeit gehören die Reste der Großsteingräber oder Hünenbetten, wie sie der Volksmund nennt. Hügelgräber stammen dagegen aus der Bronzezeit (etwa 1800 bis 600 v. u. Z.). Beide Grabformen sind jedoch durch Flurbereinigungen, Steinwerbungen für den Straßenbau, als Bausteine der Burgen und für Fundamente der Bauernhäuser bis auf wenige Reste aus der Landschaft verschwunden (s. Touren 20 und 23).

Germanische Stämme besiedelten den Raum bis etwa 500 unserer Zeitrechnung. Während der Völkerwanderung verließen sie das Gebiet und überließen es slawischen Stämmen, die bis zur deutschen Kolonisation um

1100 hier herrschten. Das waren in unserem Raum die Polaben, die sogenannten Elbanwohner. Mit drei weiteren slawischen Stämmen bildeten sie den Stammesverband der westmecklenburgischen Obotriten. Sie siedelten entlang der Flüsse und Bäche und an fischreichen Seen. Bevorzugte Siedlungsplätze waren vorspringende Landzungen, Hänge und Sümpfe, die sich gut verteidigen ließen. Die Farchauer Burg am Südufer des Küchensees (s. Tour 3), der Oldenburger Wall bei Lehmrade oder die alte Ratzeburg sind Beispiele dafür. Sogar jenseits des Limes Saxoniae (s. Tour 15), der eigentlichen Westgrenze zu den Sachsen, lagen noch befestigte Plätze wie der frühslawische Runwall bei Kasseburg oder Dörfer mit slawischen Namen. Im großen und ganzen blieb der Limes aber über Jahrhunderte eine Völkerscheide zwischen Slawen und Sachsen.

Mit Heinrich dem Löwen (1129 bis 1195) begann die frühdeutsche Zeit. Zeugnisse seines Wirkens finden sich auch heute noch in großer Zahl. Als Herzog von Sachsen hatte er das Recht zur Errichtung von Bistümern. Der Bau des Ratzeburger Doms fällt in seine Amtszeit. Um den Ostseehandel auszudehnen und seine Macht zu sichern, gründete Heinrich der Löwe Lübeck. Getreue Gefolgsleute wurden mit Burgen belehnt wie der Ratzeburger Burg auf der Schloßwiese. Er zerstörte aber auch Burgen, wie die Ertheneburg bei Lauenburg (s. Tour 17), die er auf der Flucht vor Friedrich I., Barbarossa, anzündete.

Von den bewegten Jahrhunderten, dem ständigen Wechsel der Herrschaften geben die vielen Burgwälle, die Reste von Wehranlagen und befestigten Höfe Zeugnis. Meist fallen sie als baumbestandene Erhebungen im sumpfigen Gelände oder in der Ebene auf (s. Tour 7).

Im Mittelalter etablierte sich eine Adelsschicht, ein politischer, privilegierter Stand. Während es im frühen Mittelalter noch keine Rangunterschiede gab, entwickelten sie sich durch die verschiedenen Funktionen und Ämter, auch lehnsrechtliche Bindungen fielen ins Gewicht. Aus der Amtsbezeichnung wurden Titel und Rangstufen, die auf die ganze Familie übergingen und sich vererbten. Nach dem 1. Weltkrieg wurden die Vorrechte des Adels abgeschafft, ihre Titel aber erhalten. So gibt es noch die von Bülows in und um Gudow, die von Bismarcks in Friedrichsruh und die von Bernstorffs in Wotersen und auf der Stintenburg.

Auch die Ritter als niederer Adel gehörten zu dieser privilegierten Schicht mit eigenen Burgen. Oft wurden sie in dieser Gegend des Raubrittertums bezichtigt und lebten angeblich von Wegelagereien und Straßenraub wie die Scharffenbergs auf Linau. Ihre Fehden (Privatkrieg zur Durchsetzung von Rechtsansprüchen), usw. gegen Landesherrn oder Städte gerichtet, waren aber meistens legitim und sogar durch Reichsrecht und feste Regeln abgesichert. Zur Fehde gehörte jegliche Schädigung an Leib, Gut und Ehre, die nicht vor einem öffentlichen Gericht ausgetragen werden konnte oder sollte. Bei Fehden gegen Städte war auch das Berauben von Handelswagen der Stadtbewohner erlaubt. Dafür gab es in diesem Gebiet

besonders gute Möglichkeiten, führte doch eine bedeutende Straße, heute als Alte Salzstraße bezeichnet, von Lüneburg im Süden über die Elbfurt bei Artlenburg, über Lütau und Hornbek nach Mölln. Hier gabelte sie sich in eine westliche Trasse nahe des heutigen Elbe-Lübeck-Kanals und eine östliche am Ratzeburger See entlang. Beide Straßen endeten in Lübeck. Sie hatten im Süden Verbindung bis nach Nürnberg, im Norden bis nach Jütland.

Diese Straße war aber nicht nur eine Salzstraße, wie ihr aus Fremdenverkehrsgründen einprägsamer Name glauben läßt, sie bestand schon in frühgeschichtlicher Zeit als Handels- und Heerweg, bevor im 10. Jh. die Lüneburger Saline zum ersten Mal erwähnt wurde. Diese Handelsstraße, die via regia, war eine Naturstraße und durch das Befahren mit den Pferdewagen entstanden in einer Breite zwischen 5 und 20 m. Ein guterhaltener Streckenabschnitt im Breitenfelder Moor (s. Tour 15) zeigt noch das ursprüngliche Wegbett mit Pflaster an ehemals moorigen Stellen. Nur diese offizielle Trasse stand unter dem Schutz der Landesfürsten oder der Stadt Lübeck, so daß kaum andere Wege benutzt wurden. Außer diesem reinen Landweg von Lüneburg nach Lübeck gab es noch einen kombinierten Land- und Wasserweg über die Ilmenau elbaufwärts bis Boizenburg. Hier wurde das Salz auf Wagen verladen und über Langenlehsten, Sarnekow und am Hellbachtal entlang (s. Tour 12) nach Mölln gebracht; als Frachtweg ist diese Straße in den Karten verzeichnet und noch weitgehend vorhanden. Sie

erreichte aber nie die Bedeutung der Hauptstrecke. Wegen der Gefahren auf dem Landweg, der Beschwerlichkeit der Wege und geringerer Kosten überlegte man früh eine Verbindung auf dem Wasserweg. Die wasserreiche Stecknitz, ein Nebenfluß der Trave, wurde schon im 14. Jh. als Transportweg auch für Salz von Mölln nach Lübeck genutzt, wie eine Urkunde von 1342 beweist. Auch eine Schleuse bei Mölln war vorhanden, die für den nötigen Wasserschwall (s. Tour 19) zur Abfahrt sorgte. Von 1391 bis 1398 hob man zwischen diesem Fluß und der nach Süden zur Elbe verlaufenden Delvenau eine 11,5 km lange Verbindung südlich von Mölln, den »nyge graven« (neuen Graben), aus. Er war etwa 6 m breit und weniger als 1 m tief, daher konnte er nur mit flachbödigen Prahmen (Transportkähnen) befahren werden. Diese 1432 erwähnten »soltpramen« waren wohl eckige Holzkisten mit höchstens 7,5 t Tragfähigkeit. Da sie auf dem Kanal abwärts trieben und aufwärts gezogen wurden, mußten sie nicht besonders manövrierfähig sein. Auf der Elbe konnten diese kleinen Kähne allerdings nicht fahren, so daß die Fracht am Lauenburger Packhof von den Elbschiffen umgeladen werden mußte. Auch die wenig Wasser führende Delvenau wurde begradigt und ausgebaut. Lübeck bezahlte für diese Arbeit 3000 Mark Lübsche Pfennige (über 1 Mill. Mark nach heutigem Geld), konnte dafür lange Zeit Zoll erheben und hatte ein gewisses Monopol auf die Stecknitzschiffahrt.

Anfang des 17. Jh. gab es 17 Schleusen im Kanal, die meisten waren Stauschleusen, da die Wassermenge besonders in der Delvenau selten für eine geregelte Talfahrt ausreichte. Während die Kähne flußab auf einer Flutwelle fuhren, mußten sie aufwärts getreidelt (gezogen) werden, das besorgten die Stecknitzfahrer, die sich schon früh zu einer Bruderschaft zusammengeschlossen hatten. Ihre Einkünfte müssen beträchtlich gewesen sein, denn in den Kirchen am Kanal besaßen sie ein eigenes Gestühl (in der St.-Nikolai-Kirche von Mölln noch vorhanden, in Siebeneichen und Krummesse noch Wappen an den Bänken). In Berkenthin stehen an der Kirche noch die Granitsäulen zur Begrenzung des ehemaligen Begräbnisplatzes. Mitte des 16. Jh. gab es 80 Fahrer, die 220 Schiffe führten. Ihre Blütezeit hatte die Stecknitzschiffahrt im 16. und 17. Jh. Der Transport auf dem Kanal nahm dann stetig ab und wurde im 19. Jh. durch die Eisenbahn abgelöst. Ein neuer Kanal, der Elbe-Lübeck-Kanal, entstand im alten Bett des ältesten und über 500 Jahre funktionierenden Wasserscheidenkanals Nordeuropas. Nur der südliche Teil des alten Kanals ist zwischen Büchen-Dorf und der Elbe als Grenzfluß zwischen Schleswig-Holstein und Mecklenburg erhalten geblieben.

Wegen der Vormachtstellung Lübecks und der hohen Zölle suchten Mecklenburgs Herzöge nach einem anderen Weg, um Lüneburger Salz an die Ostsee zu verfrachten. Sie nutzten das Flüßchen Schaale, das für mehrere Getreidemühlen aufgestaut war, bis in den Schaalsee und planten einen Kanal nach Wismar, der aber aus Geldmangel nie gebaut wurde. Diese sogenannte Schaalfahrt brachte dadurch nie den großen Durchbruch für den Salztransport, wurde aber als Transportweg für Holz zu den Lüneburger Salinen bis ins späte 19. Jh. genutzt (s. Tour 1).

Weichseleiszeit und Endmoränen, Sölle und Findlinge, Moore und Sander

Das Gebiet beider Naturparks wurde durch die letzte der Eiszeiten, die Weichseleiszeit, geformt. Die wellige, flachkuppige Landschaft, die zahlreichen, meist nährstoffarmen Seen, die Moore, Erlenbrüche und die vielen Sölle verdanken ihre Entstehung dieser letzten Vereisung. Schmelzwasser der abtauenden, bis zu 3000 m mächtigen Gletscher füllte Senken und Rinnen, die von den riesigen Eismassen ausgeschoben wurden. Solche Rinnen und Gletscherzungenbecken erreichten eine beträchtliche Tiefe. Der Schaalsee ist z. B. mit 71,5 m der tiefste See Norddeutschlands, ein Gletscherzungenbecken mit tiefen Ausspülungen durch von den Eisflächen herabstürzende Schmelzwasserfälle. So hat also diese letzte Eiszeit die Oberfläche unserer heutigen, so recht zum Wandern geeigneten Region modelliert.

Die Kuppen der Moränen weisen Höhen zwischen 30 und 100 m über NN auf. Es sind im Norden hauptsächlich Grundmoränen, gebildet aus dem Material, das unter dem von Norden vordringenden Eis als Moränenschutt mitgeschleppt und beim Tauen abgesetzt wurde. Dem Kalkreichtum dieser Geschiebemergel verdanken die Böden im Norden ihre hohe landwirtschaftliche Ertragskraft. Die höheren Endmoränen sind Ablagerungen, die

am Ende, der »Stirn« der Gletscherzungen, erfolgten. Das Eis schob dabei Geröll und Erde vor sich her und lagerte es girlandenförmig vor der Eisfront ab. Wurden diese Erdmassen gestaucht (wie mit einer Planierraupe geschoben), erreichten sie Höhen bis zu 100 m (Voßberg bei Mölln). Diese Moränen, die auf die letzte Eiszeit zurückzuführen sind, nennt man Jungmoränen.

Die Weichseleiszeit erreichte allerdings den Westen um den Sachsenwald und den Süden am Hohen Elbufer nicht mehr. Diese Gebiete stammen also noch aus der vorigen, der Saaleeiszeit und wurden von Wind und Schmelzwasser erodiert. Diese älteren, nicht mehr mit Eis bedeckten Ablagerungen nennt man Altmoränen. Beim Tauen der Gletscher brachen die Wassermassen durch Lücken in der Endmoräne und überschwemmten das Vorland. Mitgeführte Sande und Kiese lagerten sich je nach Fließgeschwindigkeit ab und bildeten die Sander, magere Böden im Südosten des Gebietes.

Auffällig ist der Reichtum an großen Steinen an den nördlichen Seen, an ausgebeuteten Kieskuhlen und in der Feldmark. Sie wurden aus dem Ostseeraum und aus Skandinavien hierher verfrachtet (s. Touren 19 und 21). Man findet sie heute vor allem an den Feldrändern, wohin sie von den Bauern gebracht wurden, nachdem man sie aus dem Acker gegraben hatte. Früher fanden sie Verwendung zum Bau der Feldsteinkirchen wie in Zarrentin, Gudow oder Siebeneichen oder als Fundamente der typischen Mecklenburger Bauernhäuser, oft wurden sie zu Steinmauern um die Hofstellen geschichtet. Diese Findlinge sind somit Zeugen gewaltiger erdgeschichtlicher Vorgänge.

Zahlreich sind auf den Feldern besonders im mecklenburgischen Teil kleinere und größere Tümpel. Sie sind meist von Kopfweiden umstanden. Es sind die Sölle (Einzahl: das Soll). Ihre Entstehung verdanken sie großen »Toteisblöcken«, die vom Moränenschutt überdeckt wurden und im Laufe von Jahrtausenden abtauten. An ihrer Stelle blieben Einsenkungen erhalten, die sich mit Wasser füllten und heute Lebensräume mit einer reichen Ausstattung sind. Aus den Söllen entstanden oft durch Verlandungsvorgänge die Kesselmoore als abflußlose kleine Hochmoore mit einer interessanten und einmaligen Tier- und Pflanzenwelt (s. Tour 26). Zu viele dieser Lebensräume wurden durch Melioration und Flurbereinigung in der Vergangenheit vernichtet.

Eiszeitliche Bildungen sind auch die Oszüge, Wallrücken, die sich in den Abflußbahnen unter dem Eis bildeten und besonders ausgeprägt im Süden und Südosten des Naturparks »Schaalsee« erhalten sind (s. Tour 22). In ihrer Entstehung den Osern (Einzahl: der Os) ähnlich, stellen die Drumlins (sprich drömmlins) rundliche, oft sandig-kiesige Kuppen von meist elliptischer Form in den Schmelzwasserrinnen dar. Der interessierte Wanderer findet daher überall zahlreiche Zeugen der bewegten Entstehungsgeschichte der Landschaft. Aufschlüsse wie Kiesgruben und Anschnitte der Oser gewähren Einblicke in die interessante Vergangenheit der westmecklenburgisch-schleswig-holsteinischen Landschaft.

Wärmeheide und Mager-rasen, Sumpfporst, Sonnentau, Leberblümchen und Wiesenprimel

Die Vielseitigkeit der Pflanzenge-sellschaften in den dicht beieinander-liegenden unterschiedlichen Lebens-räumen ist einmal bedingt durch die klimatische Sonderstellung dieses Ge-bietes. Etwa auf der Linie Geesthacht–Lübeck verläuft eine deutliche Grenze zwischen dem kontinentalen trockne-ren Klima im Osten und dem mehr at-lantisch geprägten feuchteren Klima im Westen. Tiefausläufer beeinflussen Norddeutschland aber häufiger, so daß sich der kontinentale Einfluß nicht stärker auswirken kann.

Durch das Übergangsklima und die mageren Böden auf den Sanderflä-chen konnte sich eine regionaltypi-sche Heideformation, die binnenlän-dische Wärmeheide, ausbilden. Sie ist eine Pflanzengesellschaft zwischen den atlantischen Ginsterheiden und den kontinentalen Magerrasen. Als ty-pische und mehr kontinentale Arten wachsen hier Heidegünsel, Berghaar-strang und die seltene Wiesenküchen-schelle, die früher von den Grauen Dünen der Ostsee bis an die Elbe ver-breitet war. Auch der Englische und Behaarte Ginster als atlantisch gepräg-te Arten sind schon sehr selten gewor-den, da die mageren Standorte viel-fach aufgeforstet worden sind (z. B. die Bröthener Heide). An anderen Stellen, wie bei Göttin, versucht man,

ihre Standorte zu erhalten oder zu-rückzugewinnen. Reste der Wärme-heide finden sich dennoch vielfach an Weg- und Waldrändern.

Eine sehr ähnliche Pflanzengesell-schaft wächst auf den Magerrasen (Sandtrockenrasen) der Sander. Größe-re Flächen gibt es davon selten, da sie wie andere offene Landschaften einer Sukzession (Aufeinanderfolge von ei-ner Pflanzengesellschaft zur nächsten) unterliegen. Wenn der Mensch nicht eingreift, entsteht daraus ein Birken-Kiefern-Wald. Die größte Mager-rasenfläche ist bei Büchen-Dorf das Naturschutzgebiet »Büchener Sander« (ca. 100 ha). Es wird von Schafen be-weidet, und der Baumanflug wird re-gelmäßig entfernt. So können sich sel-tene Arten wie Sandstrohblume, Nel-kenschmiele, Gras- und Heidenelke erhalten.

Im Rahmen der Extensivierungspro-gramme sind viele sandige Äcker, die als Grenzertragsböden wenig ein-brachten, stillgelegt worden. Im Raum Langenlehsten, Gudow und Lehmra-de konnten so neue Flächen mit Ma-gerrasenvegetation entstehen. Beson-ders in den ersten Jahren, wenn es noch offene Flächen gibt, wachsen hier Lämmersalat, Zahntrost, Acker-filzkraut und Sandstrohblume, später machen sie längerlebigeren Stauden-fluren Platz, die mit Silbergras, Schaf-schwingel, Feldbeifuß und Moosen eine geschlossene Vegetationsdecke bilden.

Eine Rarität unter den Magerrasen ist das Neuenkirchner Os, ein eiszeit-licher, gut erhaltener Wallberg östlich des Schaalsees mit kalkliebenden Pflanzen. Hier gibt es so seltene Arten wie Stengellose Kratzdistel, Wiesenlein, Frühlingsfingerkraut, Hügelklee und Skabiosenflockenblume. Dieses Os ist auch als Naturdenkmal von hohem Wert.

Feuchtgebiete wie Quellen, Seen und Moore sind im Naturpark »Lauenburgische Seen« und im Schaalseegebiet zahlreich zu finden. Intakte Quellen mit Bitterem Schaumkraut oder Milzkrautarten gibt es noch in naturnahen Waldgebieten wie z. B. am Krebssee.

Viele Seen stehen unter Naturschutz und sind von Wald umgeben, so daß verunreinigende Düngereinträge nur aus der Luft kommen. Hier findet man seltene Pflanzen wie Sumpfcalla und Schlammsegge in den Schwingrasen der nährstoffarmen, aber humusreichen Braunwasserseen Schwarze Kuhle (bei Salem) und Schwarzsee (im Hellbachtal) oder die seltene Schneide, ein Riedgras im Uferbereich des nährstoffarmen Krebssees und am südlichen Schaalsee. Sie gehört zu den eiszeitlichen Relikten und ist auf kalkreiches Wasser bzw. Seekreide angewiesen.

Die meisten Seen sind nährstoffreich und haben eine Verlandungszone mit unterschiedlichen Pflanzengesellschaften. Das geht von den unterirdischen Armleuchteralgen über Laichkrautzonen, Seerosen-, Röhricht- und Großseggengürtel zu Weidengebüschen und Erlenbrüchen. Eine solche charakteristische Zonierung findet man besonders gut am Lottsee im Hellbachtal. Sarnekower See, Gudower See u. a. haben aber auch Verlandungsstreifen von mehreren Metern Breite mit Kalmus, Wasseriris und Schlangenknöterich.

Bei der Verlandung eines nährstoffreichen Sees entsteht ein artenreiches Niedermoor, das als Endstufe der Sukzession in einen Erlenbruch, oft auch mit Birken vermischt, übergeht. Diese Form des bewaldeten Übergangsmoores ist im Gebiet häufiger anzutreffen. So wie es im Bereich der Trockenstandorte deutliche Übergänge von atlantisch beeinflußten Heiden zu kontinentalen Magerrasen gibt, findet man bei den Hochmooren Übergänge zwischen atlantischen, baumfreien Mooren wie dem Königsmoor im westlichen Nachbarkreis und dem mehr kontinentalen Salemer Moor mit Sumpfporst- Birken-Kiefernbruchwald, das nach pollenanalytischen Untersuchungen aber erst seit 200 Jahren bewaldet ist. In diesem sogenannten Lauenburgischen Waldhochmoor wachsen noch Sumpfporst, Rosmarinheide, zwei Sonnentauarten und über zwanzig verschiedene Torfmoose.

Etwa 25 Prozent des Herzogtums Lauenburg und Westmecklenburgs sind bewaldet, zum größten Teil mit Laubwald bedeckt. Die häufigste Art ist die Rotbuche, die besonders gut auf den lehmigen Grund- und Endmoränenböden wächst. Stattliche Wälder davon gibt es westlich von Mölln am Voßberg, bei Salem oder im Mechower Holz. Die kalkreichen Buchenhangwälder östlich des Ratzeburger Sees enthalten eine interessante Krautschicht mit Leberblümchen, Nickendem Perlgras und Wiesenprimel. Wenn man Glück hat, findet man seltene Waldorchideen. Die meisten lauenburgischen Buchenbestände sind natürlich entstanden. Nach einer reichlichen »Mast« (viele

reife Früchte) keimen im darauffolgenden Frühjahr Tausende von jungen Buchen, von denen nur wenige das Alter von 150 Jahren erreichen und schlagreif werden. Auf besonders nährstoffreichen Böden, wie z. B. im Bartelsbusch, stockt ein Laubmischwald mit besonders hohem Anteil an Edellaubhölzern wie Esche, Kirsche und Ahorn. 200 Jahre alte Eichen sind hier nicht selten, und sie sind aufgrund des guten Bodens besonders kräftig. An solchen Standorten ist auch die Krautschicht im Frühjahr artenreich vertreten, wenn die Frühlingsblumen noch keine Lichtkonkurrenz durch belaubte Bäume haben.

Wird der Boden feuchter, überwiegen Eschen, die noch bei hohen Wasserständen gedeihen; stauende Nässe vertragen allerdings nur Erlen, die man häufig im Niedermoor, an verlandenden Gewässern und im Erlenbruch findet. An ihren Wurzeln befinden sich Knöllchenbakterien, die den Luftstickstoff binden, daher ist der Boden unter Erlen stets stickstoffreich. In die-

sen feuchten Laubwaldgesellschaften wachsen Waldorchideen wie Grüne Waldhyazinthe, Fuchs-Knabenkraut und Großes Zweiblatt, die schmarotzende, rosafarbene Schuppenwurz, die nur aus dem Blütenstand besteht, kommt auch nur hier vor.

Auf den südlichen Sanderflächen dominiert die Kiefer. Mit ihren tiefreichenden Pfahlwurzeln kann sie zum Grundwasser gelangen und ist mit den wenigen Nährstoffen der armen Sanderböden zufrieden. Meistens ist sie mit der Traubeneiche gemischt, auf den neu aufgeforsteten Flächen sieht man sie oft auch mit der frohwüchsigen Douglasie aus Nordamerika. Sogar Buchen findet man heute auf Sanderböden angepflanzt. Sie werden niemals Nutzholz, sondern gelten als »dienende Holzart« der Bodenverbesserung. Ist der Boden nicht zu stark von der Geschlängelten Schmiele, einer Grasart, bedeckt, wachsen unter Kiefern und am Kiefernwaldrand auch Heidekraut, Glockenblumen und Blaubeeren.

Kranich und Seeadler, Graugans und Kormoran, Moorfrosch und Maräne

In diesem Gebiet findet man einen Reichtum an Tierarten, die andernorts bereits verschwunden sind. Die jahrzehntelange Abgeschiedenheit im Grenzraum begünstigte das Überleben zahlreicher gefährdeter Arten. So hat der Kranich, mit einer Höhe von 1,25 m der größte einheimische Vogel, hier die sichersten Brutvorkommen an seiner westlichen Verbreitungsgrenze in Mitteleuropa. Neben den Brutpaaren trifft man auch außerhalb der Zugzeiten umherstreifende sog. »Junggesellen« in Trupps von 10 bis 30 Exemplaren an. Eindrucksvoll ist der im Herbst einsetzende Zug, auf welchem sich gegen Abend einige hundert dieser großen Vögel auf den abgeernteten Feldern versammeln und dann mit lautem Trompeten zu den flachen Seebuchten, ihren Schlafplätzen, fliegen.

Der Seeadler brütet als große Kostbarkeit an den Seen des Naturparks Schaalsee. Sein eindrucksvolles Flugbild mit den bis zu 2,5 m klafternden, brettartigen Schwingen kann hier vom aufmerksamen Wanderer nicht eben selten gesehen werden. Zur bevorzugten Beute dieses großen Greifs gehören die größeren Hechte und Brachsen, in der Zeit der Jungenaufzucht aber vor allem die »Gössel« der Graugänse, welche hier an den Seen eines der größten, geschlossenen Brutgebiete in Deutschland haben. In den stark zurückgegangenen Röhrichten

des Schaalsees, den Schilfwäldern, nistet noch die Große Rohrdommel, deren Rufen dem Brüllen eines Rindes ähnelt. Der Volksmund nennt sie den »Moorochs«. Im Frühling schallt dieser Laut weit in das Land. An schwülwarmen Sommertagen, oft vor Gewittern, gehört der Gesang des Drosselrohrsängers zum Klangbild der Seenlandschaft. Auch dieser Vogel ist mit dem Schilfsterben selten geworden.

Wie ein smaragdener Pfeil schießt der Eisvogel in Ufernähe über das Wasser, und auch an den Bächen kann man ihn mit einigem Glück beobachten. Er nistet an den Prallhängen der Flüßchen, wohl auch im Wurfboden eines umgestürzten Baumes, in den er seine meterlange Brutröhre gräbt. Kiebitz und Bekassine brüten auf den Grünländern und Feuchtwiesen, auf denen der Weißstorch nach Nahrung sucht. Auf Inseln im Mechower und Culpiner See nistet, in den letzten Jahren an Zahl zunehmend, der Kormoran. Dieser schöne Vogel macht sich unbeliebt bei Fischern und Anglern, weil er sich nur von Fischen ernährt. Wie schwarze Kreuze stehen sie nach der Unterwasserjagd auf Pfählen und Steinen und trocknen ihr ungefettetes Gefieder.

Die Sölle auf den Äckern, aber auch die Dorfteiche, sind Laichgewässer für Kamm- und Teichmolche, Erd- und Wechselkröte sowie Moor-, Gras- und Teichfrösche. Von Mitte Mai bis weit in den Juni hinein schallt der nächtliche Gesang der Laubfrösche über das Land. In den flachen Teichen und Tümpeln im Norden kommt noch die seltene Rotbauchunke vor. Im Ratzeburger See und im Schaalsee lebt

21

die Kleine Maräne. Die Große oder Schaalseemaräne kommt nur im Schaalsee vor.

In den Wäldern, besonders unter Nadelbäumen, werden die beachtlichen Nesthügel der Waldameisen auffallen. Sie vertilgen große Mengen forstlicher Schadinsekten und werden daher »die Polizei des Waldes« genannt. Eine Insektenvielfalt findet man auf den Blüten an den Wegrändern, den Knicks und den Magerrasen- oder Extensivierungsflächen im Süden des Wandergebietes. Auffällig sind besonders die Schmetterlinge wie Bläulinge, Tagpfauenaugen oder Kleine Füchse, die über den Flächen schweben. Zwischen Grasbülten und auf den Wegen huschen die flinken Laufkäfer in ihren schillernden Chitinpan-

zern. Im sandigen Boden bauen Solitärbienen, die keinen Staat haben, wie Sandbienen und Grabwespen ihre Röhren für die Aufzucht der Brut. Sie tragen Spinnen, Grashüpfer oder Raupen unter die Erde, lähmen sie und schaffen so einen Nahrungsvorrat, der nicht so schnell verdirbt. Da sie sich bei ihrer Arbeit nicht stören lassen, kann man sie gut beobachten.

Von den 75 nachgewiesenen Säugetierarten wird man nur einigen bei Tage begegnen. Viele sind nachtaktiv und heimlich oder fliehen bei den geringsten Geräuschen, so daß man sie eher hören als sehen kann. Rehe und Rotwild als Bewohner der Wälder und Waldränder haben sich stark vermehrt. Die Kulturlandschaft mit ihrem gleichbleibenden Nahrungsangebot

bietet ihnen beste Lebensmöglich-keiten. Mit den langen Läufen können sie sich schnell fortbewegen und ge-wandt springen. Im Herbst kann man in der Brunftzeit das gewaltige Röhren der Hirsche hören, wenn sie um die Weibchen kämpfen.

Das Wildschwein ist an Wälder mit morastigem Untergrund und Dickun-gen angepaßt. Mit dem Rüssel wühlen sie den Boden auf und suchen nach Kleintieren bis hin zu Mäusen und her-abgefallenen Baumfrüchten (Mast). Die Bachen (Weibchen) ziehen in ei-nem aus Astwerk und trockenem Pol-stermaterial gebauten Kessel ihre Jungen, die Frischlinge, auf. Sie haben noch den ganzen Sommer ein gestreif-tes Borstenkleid, das erst im Winter in die graubraune Farbe der Alten wech-

selt. Wenn man den Tieren selbst auch nicht oft begegnet, findet man ihre Wühlspuren unter den Bäumen und zum Ärger der Landwirte in manchem Mais- und Kartoffelfeld. Auf den offe-nen Sandflächen der südlichen Gebie-te bauen die Kaninchen Röhre an Röhre. Mehrmals im Jahr haben sie Nachwuchs und vermehren sich stark. Der etwas größere und seltenere Hase drückt nur eine flache Mulde in die Vegetation. Er ist auf die Deckung an-gewiesen, die ihm Feldgehölze und Knicks bieten. Ein Feind für beide ist Reinecke, der Fuchs, den man auch entdecken kann, wenn er durch Wie-sen und Felder schnürt und den Mäu-sen nachstellt. Seit seine Baue nicht mehr begast werden und gegen Toll-wut geimpft wird, ist er wieder häufiger zu sehen. Auch wenn sie wie Vögel durch die Lüfte segeln, Fledermäuse gehören zu den Säugetieren. An warmen Abenden kann man verschiedene Arten über den Seen, Feldern und auch in den Dörfern beobachten, wenn sie den fliegenden Insekten nachjagen und sie mit Ultraschall orten. Sie wohnen im Sommer in Baumhöhlen, in Verstecken, die sie in den alten Bauernhäusern finden, und neuerdings auch in Nistkästen, die ihnen von verständigen Menschen hoch oben an Häusern oder Bäumen angebracht werden.

Naturparks sind großräumige Landschaftsteile mit Landschafts- oder Naturschutzgebieten, die wegen ihrer landschaftlichen Voraussetzungen auch für Erholung und Fremdenverkehr besonders geeignet sind, so oder ähnlich steht es in den Paragraphen der Naturparkverordnungen. Naturschutz und Fremdenverkehr, kann es da Gemeinsamkeiten geben? Schließt eine solche Verbindung sich nicht von Anfang an aus? Das kommt immer auf das Verhalten des einzelnen Menschen an und auf seinen Umgang mit der Natur.

Einige Landschaftsteile sind besonders geschützt, um seltene Tiere und Pflanzen vor dem Aussterben zu bewahren; darauf weisen bestimmte Schilder hin: In Schleswig-Holstein das grün umrandete Dreiecksschild mit dem Adler und dem Aufdruck: Naturschutzgebiet oder Landschaftsschutzgebiet. In Mecklenburg-Vorpommern das gelbe rechteckige Schild mit der Eule und demselben Aufdruck. Das Recht des Naturschutzgebietes ist der stärkste Schutzstatus, der einer Landschaft verliehen werden kann, und oftmals gelten zeitliche Betretungsverbote auch auf den Wegen, wenn während der Brutzeit gefährdete Arten abgeschirmt werden müssen. Bei folgendem Schild: rund und rot umrandet mit einem stilisierten, diagonal durchgestrichenen Wald dürfen Gebiete überhaupt nicht betreten werden.

Unter besonderem Schutz stehen auch etwa 30 000 ha Landschaftsraum in der lauenburgisch-west-mecklenburgischen Seenplatte mit Seen, Mooren, Wäldern und Magerrasen rund um den Schaalsee. Der Bereich liegt zur einen Hälfte in Schleswig-Holstein, zur anderen in Mecklenburg. Gemeinsam mit dem WWF haben sich die drei umliegenden Landkreise zum Zweckverband »Schaalsee-Landschaft« zusammengeschlossen, einem Projekt, das wohl einmalig in Europa ist. Mit Ankäufen, Pacht und staatlichen Schutzgebietsverordnungen wird ein Gebiet von »gesamtstaatlich repräsentativer Bedeutung« gesichert, das sich zu einem »Biosphärenreservat« (international anerkanntes Schutzgebiet) entwickeln kann. Aufgrund der besonderen eiszeitlich bedingten Geländeformationen und der ehemaligen Abgeschiedenheit der Grenzregion zur DDR hat sich die Schaalseelandschaft zu einem Refugium bedrohter Tierarten entwickelt. Darüber hinaus sind z. B. die großen Seen nicht nur Brut-, sondern auch Mauser- und Rastgebiete vieler Wasservogelarten.

Landschafts-schutzgebiet

Herzlich Willkommen an der Alten Salzstraße

Tour 1

Die spätere Salzstraße bestand als via regia schon in frühgeschichtlicher Zeit als Handels- und Heerstraße, lange bevor die Lüneburger Saline im 1o. Jahrhundert erstmals genannt wurde. Ursprünglich war sie nur durch die Huf- und Wagenspuren markiert, dann wurde sie zuerst an besonders unwegsamen Partien mit einem ersten Pflaster befestigt. Aber schon lange ist das Peitschenknallen der Fuhrleute und das Rumpeln der eisenbeschlagenen Räder auf dem Kopfsteinpflaster verhallt. Durch Ausbau, Begradigung, Verbreiterung und dem Aufgehen im öffentlichen Straßensystem blieb über weite Strecken nur noch die Erinnerung an den alten Handelsweg. Hier und dort hat sich jedoch ein Rest des ersten Pflasters erhalten, wie am Breitenfelder Moor (s. Tour 15). In den alten Karten ist ihr Verlauf für alle Zeiten festgeschrieben. Unsere Einführungstour folgt den Wegen des Salzes und verknüpft mit den beiden Abstechern auf ideale Weise in einer Mehrtages- und Kennenlern-Tour die schönsten Wanderziele dieses Landschaftsführerbandes.

Mit dem Rad quer durch das Wandergebiet von Lüneburg nach Lübeck mit Abstechern zum Schaalsee und nach Ratzeburg

Anfahrt nach Lüneburg
Bahn Hamburg-Hannover,
　　　　Lübeck-Lüneburg
Bus Linienbusse
Pkw B 4 Hamburg-Hannover,
　　　　B 216 von Dannenberg,
　　　　B 209 Lauenburg-Soltau
Ausgangspunkt
　　　　»Alter Kran« an der Ilmenau
Wegstrecke
　　　　etwa 190 km in flachem bis hügeligem Gelände
Orientierung
　　　　Kanalstrecke für Radfahrer gut ausgeschildert
Rast und Einkehr
　　　　viele Möglichkeiten auf der Strecke

Die Radtour führt von Lüneburg nach Lübeck geradewegs in die Naturparks »Lauenburgische Seen« und »Schaalsee« beiderseits der früheren innerdeutschen Grenze. Gerade hier hat sich in der Abgeschiedenheit des Todesstreifens für Menschen Natur in reichem Maße erhalten. Mit der Gründung auch des Naturparks Schaalsee soll die Erholungsfunktion dieser Landschaft erhalten werden. Mit dem Fahrrad ist diese teils flache, teils hügelige Wald- und Seenlandschaft gut zu bewältigen. Die Etappen kann man sich leicht anders einteilen, denn gemütliche Gasthöfe und kleine Pensionen gibt es auch in den zahlreichen Dörfern auf der Strecke.

1.Tag
Von Lüneburg nach Lauenburg
(etwa 30 km)

Vor der Abfahrt am »Alten Kran« in Lüneburg sollte man sich die Zeit zu einem Stadtrundgang nehmen, durch die verwinkelten Gäßchen der Altstadt mit den Salzspeichern am Hafen und den Patrizierhäusern mit ihren unterschiedlich gestalteten Giebeln streifen. Das Salz, das »weiße Gold«, hat das Schicksal der Stadt fast ein Jahrtausend beeinflußt, und im vielfach ausgezeichneten Salzmuseum nahe des Industriedenkmals Saline Lüneburg wird die Gegenwart mit Geschichte und Vergangenheit interessant verknüpft. Über die Ilmenau gelangt man zum Kloster Lüne, einem ehemaligen Benediktiner-Nonnenkonvent, das im Sommerhalbjahr besichtigt werden kann. Die Gebäude stammen aus der Zeit um 1400.

Von hier aus geht es nach Scharnebek, wo ein modernes Schiffshebewerk die Binnenschiffe auf dem Elbe-Seitenkanal 38 m vom Geesthang in die Flußmarsch absenkt. Auf den Deichen des Kanals erreicht man über Echem die Elbe. Schon von weitem zeigt sich die Altstadt von Lauenburg am Hohen Elbufer von ihrer schönsten Seite. Ein Bummel durch die historische Altstadt schließt diesen Tag ab (s. Tour 16).

2.Tag
Von Lauenburg nach Mölln
(etwa 40 km)

Diese Fahrstrecke ist etwas länger als am Vortag, dafür aber ohne Besichtigungen, heute Natur pur: Wald, Wasser und die Weite der Landschaft. Man fährt hauptsächlich auf dem Treidelweg am Elbe-Lübeck-Kanal entlang, geruhsam und ohne Steigungen. Über Basedow und die Dalldorfer

Brücke geht es nach Witzeeze. Ein Abstecher zur Dückerschleuse, der letzten Stauschleuse am ehemaligen Stecknitz-Delvenau-Kanal, sollte eingeplant werden (s. Tour 19). In Büchen-Dorf lohnt ein Blick in die Priesterkate. Der Fährmann in Siebeneichen setzt einen an das andere Ufer über (s. Tour 14), auf dieser Seite erreicht man Mölln aber schneller. Wie wäre es mit einer Badepause an den Kiesseen bei Güster, oder ist diese Tour für Sie nicht lang genug? Dann können Sie noch bei den »Guldenburgs« in Wotersen vorbeischauen, ehe Sie Mölln erreichen.

3.Tag
Rundfahrt Mölln-Schaalsee-Mölln
(etwa 65 km)

Von Mölln fährt man zwischen Lüttauer See und Drüsensee auf wenig befahrener Landstraße nach Lehmrade. Die Kuppe des baumbestandenen Oldenburger Ringwalls, einer Befestigungsanlage der slawischen Einwanderer (um 900), ragt aus der Ebene

empor. Der eindrucksvolle Wall ist außen noch 7m hoch. Der Olderburger See gegenüber ist ein verlandendes Flachmoor mit interessanter Vegetation, darf aber nicht betreten werden. Über Neu Sterley und Hollenbek kommt man bei Marienstedt an die Grenze zur ehemaligen DDR. Hier kann man auf schmalen Straßen nach Zarrentin radeln (s. Tour 24), über Lassahn und Dutzow, am Lüneburger Berg vorbei nach Kittlitz (s. Touren 21 und 25). Die früher ausgedehnten Waldungen hatten die Lüneburger aufgekauft, um das Holz für die Lüneburger Saline einzuschlagen (s. Kulturgeschichte, Schaalfahrt). Hinter Salem kreuzt man den Schaalseekanal (s. Tour 3) und fährt über Sterley und Brunsmark nach Mölln zurück.

4.Tag
Rundfahrt Mölln-Ratzeburg-Mölln
(etwa 30 km)

Von Mölln Nord radelt man nach Schmilau, statt der Straße bieten sich hier zahlreiche Wege im Wehnsöh-

lengrund an, einem eiszeitlichen Trokkental. Durch die Vorstadt Demmin gelangt man über den Königsdamm auf die »Insel«, den historischen Stadtkern (s. Tour 2). Hinter dem St. Georgsberg kreuzt man die Eisenbahn und die B 207 und fährt über Albsfelde, Lankau und das Pirschbachtal (s. Tour 11) nach Mölln zurück.

5.Tag
**Von Mölln nach Lübeck
(etwa 25 km)**

Diese Tour ist nicht so lang; da bietet sich als erstes ein Rundgang durch Eulenspiegels 800 Jahre alte Stadt an (s. Tour 9). Der Hauptweg ist am linken Kanalufer ausgeschildert, aber auch rechts geht es am Voßberg und dem Pirschbachtal (s. Tour 11) entlang parallel dazu bis zur Donnerschleuse. Ohne Unterbrechung radelt man nach Berkenthin (s. Tour 8 b) und Krummesse, wo man kurz hinter der Krummesser Schleuse den Kanal quert. Der Ort gehört schon zur Hälfte zum Territorium von Lübeck. Am Holstentor, mit-

ten in Lübeck auf der Stadtinsel endet dieser Tag.

Die Autofahrer sollen natürlich nicht ausgeschlossen werden. Fast alle interessanten Stationen lassen sich über das weitverzweigte Straßennetz genausogut mit dem PKW erreichen.

Diese oder ähnliche Touren werden auch über den Fremdenverkehrsverein Alte Salzstraße als »Paket« mit Tourenrad, Übernachtungen, Führungen, Gepäcktransfer... angeboten. Räder kann man in allen Städten an der Strecke ausleihen.

1995 wurden im Kreis Herzogtum Lauenburg zahlreiche Radrundfahrten von 25 bis 50 km Länge ausgeschildert, so daß sich auch jeder eine eigene Tour zusammenstellen kann (Kartenmaterial gibt es in den Fremdenverkehrsämtern).

Die Bahnwanderkarte zwischen Lüneburg und Lübeck ermöglicht preiswert tägliche Exkursionen zu den Zentren; Infomappen sorgen für den nötigen Überblick.

Der Naturpark Lauenburgische Seen

Das Herzogtum Lauenburg, im 12. und 13. Jh. entstanden, ist ein politisches Gebilde mit sehr langer Tradition. Die Vielfalt seiner Naturräume stellt eine abwechslungsreiche Bilderbuchlandschaft dar mit harmonisch gewachsenen Dörfern und Städten. Durch die Grenzlage hat sich hier kaum Industrie entwickeln können, eine heile Landschaft mit zahlreichen Seen und Wäldern blieb erhalten. So wurde hier 1960 der Naturpark Lauenburgische Seen als erster dieser Art in Schleswig-Holstein gegründet. Östlich des Elbe-Lübeck-Kanals, von der Lübecker Stadtgrenze bis in den Büchener Raum stehen mit dem Naturpark »Hohes Elbufer« im Süden etwa 2/3 des Kreises unter speziellem Schutz. Er kommt Pflanzen und Tieren zugute, schließt aber den Menschen nicht aus. Im Gegenteil – mit Hotels und Gaststätten, Campingplätzen und vielseitigen Freizeitangeboten wird der »sanfte Tourismus« gefördert. Dem widmet sich der Fremdenverkehrsverein Alte Salzstraße seit 1955, als er in weiser Vorausschau des hohen Freizeitwerts dieser Landschaft gleich nach dem Krieg gegründet wurde. Besonders Naturfreunde kommen im Naturpark auf ihre Kosten, denn seltene Tierarten lassen sich hier noch beobachten. Erstaunlicher Artenreichtum findet sich auch in der Pflanzenwelt. Waldlehrpfade, Wildgehege und -parks gewähren mit ihren anschaulichen Beschreibungen Einblicke in das Tier- und Pflanzenleben, den Wald und Zusammenhänge in der Natur. In vielen Kiesgruben findet man Fossilien vom Seeigel bis zum versteinerten Holz. Mehrere Walskelette aus den Pampauer Gruben sind im Lübecker Naturkundemuseum am Dom ausgestellt.

Auch Sport wird hier groß geschrieben. Als Segler oder Surfer auf den Ratzeburger Seen, im Ruder- oder Paddelboot oder auch auf dem Pferderücken auf extra eingerichteten Reitwegen kann man den Naturpark erforschen. Unternehmer bieten auf den Ratzeburger und Möllner Seen und der Elbe dem eher passiven »Sportler« Wassergefühl und Freizeitvergnügen mit ihrer Personenschiffahrt. Auch Golf, Wandern ohne Gepäck und viele kreative Kurse werden von verschiedenen Veranstaltern für Gäste im Naturpark Lauenburgische Seen angeboten.

Kulinarische Genüsse bieten die verschiedenen Gaststätten und Restaurants u.a mit dem Lauenburg'schen Teller, dem Ergebnis eines Gastronomenwettbewerbs. Landestypische Gerichte, besonders Fisch, empfehlen sich hier zu einem attraktiven Preis.

Rund um Ratzeburg

Tour 2
Ratzeburg – Inselstadt mit Charme

Mit den großen Seen um die Stadt, der offenen, kuppigen Grundmoränenlandschaft im Norden und den großen Wäldern im Süden übt das Ratzeburger Wandergebiet eine große Anziehungskraft aus. Wiesen und Weiden reichen bis an den Schilfgürtel am Wasser, im Mai leuchtet das Gelb der Rapsfelder weit über das Land, unterbrochen nur vom grünen Netz der vielfältigen Knicklandschaft. Der landwirtschaftlich intensiver genutzten Grundmoränenlandschaft stehen im Süden auf den höheren Endmoränenhügeln große Buchenwälder gegenüber. Hier wachsen im Frühjahr Anemonen in Teppichen unter den Bäumen, im Sommer ist es angenehm schattig. Ein idealer Aufenthaltsort für Menschen, die Freude an Natur, Wald und Wasser haben.

Die über 900jährige Geschichte der Stadt Ratzeburg begann mit der Gründung eines Wendenbistums und der ersten Burg auf einer Insel im großen See. Heute ist die Stadt, die etwas abgelegen von den großen Verkehrsachsen liegt, Sitz der Verwaltung des Kreises, ein beschauliches Beamtenstädtchen mit dem Charme seiner anmutigen Häuser im Zentrum und dem aus allen Himmelsrichtungen sichtbaren mächtigen Dom.

Anfahrt
Bahn Lübeck-Lüneburg
Bus Linienbusse Lübeck-Lüneburg
Pkw über B 207 und B 208 zum P am Markt und Nebenstraßen, Unter den Linden und am Lüneburger Damm
Schiff Ausflugsverkehr von Lübeck über Rothenhusen
Ausgangspunkt Marktplatz
Wegstrecke ca. 3 km/1,5 Stunden
Orientierung Stadtplan S. 33
Rast und Einkehr viele Möglichkeiten im Stadtgebiet

Der große Vorzug von Ratzeburgs Altstadt ist seine einzigartige Lage auf einer Insel inmitten von 4 Seen, abseits der Hauptverkehrswege. Der 12 km lange Ratzeburger See, Küchensee, Stadtsee und Domsee bieten reichlich Gelegenheit, von der Hetze des Alltags zu entspannen und sich zu erholen. Ausgangspunkt des Rundwegs durch die Stadt ist der Marktplatz mitten auf der Insel. Zur Karte:
1. St. Petrikirche am Markt, um 1250 zum ersten Mal erbaut, ist die eigentliche Stadtkirche (der Dom war Klosterkirche). Der Bau ist in der seltenen Form einer Querhallenkirche erstellt (Altar längsseitig).Bei der Belagerung durch die Dänen 1693 wurden Stadt und Kirche zu einem großen Teil zerstört, aber 1790 baute man St. Petri wieder auf den alten Fundamenten auf. Die Granitquader und fünf Reihen ur-

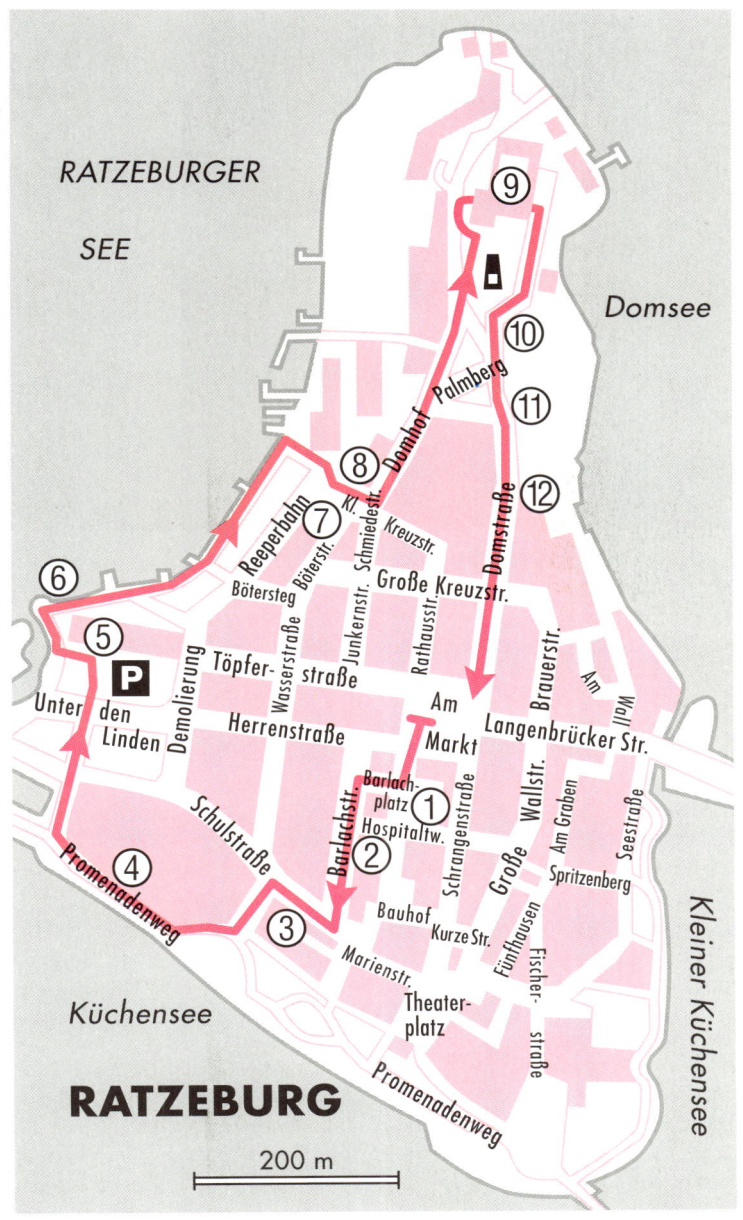

RATZEBURGER

SEE

Domsee

Kleiner Küchensee

Küchensee

RATZEBURG

200 m

sprünglicher Ziegel im Klosterformat erinnern noch an die ursprüngliche Kirche.

2. Gleich neben der Petrikirche liegt das Alte Vaterhaus, in dem Ernst Barlach einen Teil seiner Kindheit verbrachte. Heute ist es Museum und zeigt einige Plastiken des expressionistischen Künstlers, graphische Blätter wie Lithographien und Holzschnitte und Teile seines literarischen Werks.

Vor der Kreisverwaltung biegt man rechts von der Barlachstraße in die Schulstraße.

3. Hier stehen die Fischerhäuser, kleine Häuschen mit Rosenstöcken vor der Tür, liebevoll restauriert mit bunten Türen und Fenstern.

4. Auf dem Kleinbahndamm gelangt man an den Ratzeburger Küchensee; hier wurde früher geangelt und gefischt, was die herzogliche Küche brauchte (Name). Heute werden auf diesem ruhigen See die berühmten Ratzeburger Ruderregatten ausgetragen. Der ehemalige Sportlehrer und erfolgreiche Rudertrainer Karl Adam trainierte bis 1976 den Deutschland-Achter, der unter seiner Leitung 2 Goldmedaillen bei Olympischen Spielen errang. Bei der Gaststätte »Hubertus am See« geht es rechts in den Park mit vielen verschiedenen Baumarten und einem Bronzepferd von Karlheinz Goedtke (s. Tour 9), Hommage an das Wappentier des Kreises.

5. Über dem Portal des Rathauses zeigt die Inschrift Doctrinae, Sapientiae, Pietati (der Gelehrsamkeit, der Weisheit, der Frömmigkeit), daß dieses Gebäude einmal einem anderen Zweck diente. Bis 1962 war hier die Lauenburgische Gelehrtenschule, die aus der alten Domschule von Ratzeburg hervorgegangen ist. Der Straßenname Demolierung neben dem Gebäude geht auf die Zeit von Napoleon

zurück. Die Stadtmauern und Befestigungsanlagen der Inselstadt wurden geschleift (demoliert), der positive Effekt:
die Stadt konnte sich ausdehnen.

6. Der Barlachblick am Südufer des
Großen Ratzeburger Sees lädt zum
Verweilen ein. Man hat einen schönen
Rundblick auf den Dom und die Ru-
derakademie rechts, den See und die
neue Gelehrtenschule am Berg. Nur
durch einen schmalen Durchstich getrennt, liegt links die schon oft gemalte
romantische Alte Fischerei; Spezialität:
geräucherte Maräne. Am Südufer des
Sees geht es weiter bis zur Kleinen
Kreuzstraße.

7. Die Nebenstraßen Böterstraße
und Reeperbahn verraten mit ihren
Namen viel vom alten Handwerker-
tum der Stadt. Um 1650 brauchte man
viele Fässer, um das Bier der etwa 70
Brauereien über den See und die Wakenitz nach Lübeck zu transportieren.
Die Handwerkerzunft der Böttcher
stellte diese Fässer her. Jede Stadt am
Wasser braucht Seile (niederdeutsch
Reep). Die traditionelle Seilherstellung
erfolgte auf der Seilerbahn (Reeperbahn), einer geraden Strecke oder
Straße, wo die Fasern von den Seilern,
den sog. Reepschlägern, aufgespannt
und zusammengedreht wurden.

8. Das Haus Mecklenburg, eine ehemalige Kaserne, ist heute Museum für
Mecklenburgische Landesgeschich-
te. Im Kopfsteinpflaster vor dem Haus
liegt ein großer Pflasterstein mit Kreuz;
er ist der ehemalige Grenzstein zwischen Schleswig-Holstein und Mecklenburg. Dem Haus gegenüber befindet sich der Heinrichstein (mit lateini-
scher Inschrift) zur Erinnerung an das
Wirken von Heinrich von Bodewide,

den Lehnsmann Heinrichs des Löwen.

9. Der Ratzeburger Dom, von 1154
an unter Heinrich dem Löwen als
Bischofskirche errichtet, ist eines der
bedeutendsten Backsteinbauwerke
Norddeutschlands und der einzige,
der noch in seiner spätromanischen
Form erhalten ist. Die dreischiffige
Pfeilerbasilika mit Querhaus und
Apsis wurde 1966 restauriert und das
ursprüngliche Backsteinmauerwerk
freigelegt. Es spiegelt in den unterschiedlichen Farben die Vielfalt der eiszeitlichen Geschiebelehme aus verschiedenen Ziegeleien wider. Neben
25 Bischöfen wurden hier auch die
Gebeine des Heiligen Ansverus, der
beim großen Wendenaufstand 1066
mit 18 Klosterbrüdern gesteinigt wurde, beigesetzt (s. Tour 4).

Unter den Ausstattungsgegenstän-
den gibt es viele Kostbarkeiten wie das
alte Chorgestühl (um 1220) mit ornamentalen Schnitzereien oder das
Triumphkreuz aus spätromanischer
Zeit (um 1260). Ein Kreuzgang verbindet den Dom mit dem Kloster, dessen Mönche bis 1450 in Abgeschiedenheit lebten. Im Klosterinnenhof
kann man die Figur »Der Bettler« von
Ernst Barlach bewundern.

10. Das Herrenhaus am Domhof
(1764 bis 1766 erbaut), heute Kreis-
museum, war als Sommerresidenz für
Adolf Friedrich IV. von Mecklenburg-
Strelitz geplant. (Fritz Reuter hat ihm
als »Dörchleuchting« ein literarisches
Denkmal gesetzt.) Der Rokokosaal mit
Stuckdekoration wird heute für musi-
kalische Veranstaltungen und Vor-
träge genutzt.

11. Das A.-Paul-Weber-Haus beherbergt die größte Sammlung dieses

zeitkritischen Lithographen. Jährlich werden wechselnde Ausstellungen auch anderer kritischer Künstler veranstaltet. Die »Bühne im Museum« und Lithographiekurse erweitern das Programm.

12. Der Stinkbüdelsgang ist der Weg hinunter zum Domsee; hier entleerten früher die Dienstboten morgens die Nachttöpfe ihrer Herrschaften. Auf der Domstraße geht es schließlich zum Ausgangspunkt, dem Markt, zurück. Wenn man genügend Zeit hat, sollte man in die eine oder andere Nebenstraße hineinsehen. Viele alte Fachwerkhäuser, die nicht alle einzeln erwähnt werden können, lohnen einen Besuch.

Kulturgeschichte

Um 1000 n.Chr. lebten die Polaben, ein slawischer Stamm, im Ratzeburger Raum. Ihr Fürst Ratibor (genannt »Ratse«) baute sich auf einer Insel im Ratzeburger See eine Burg, geschützt durch eine Ringwallanlage. Von ihm läßt sich der Name Ratzeburg (= die Burg des Fürsten Ratse) herleiten. Der christliche Slawenfürst Gottschalk gründete 1060 das Bistum Ratzeburg. Auf dem St. Georgsberg, am Ufer des Sees, wurden eine Kirche und ein Benediktinerkloster errichtet; aber schon 1066 töteten heidnische Slawen den Abt Ansverus und seine Gefolgsleute (s. Tour 4). Erst Heinrich der Löwe brachte etwa 100 Jahre später mit seinem Lehnsmann Heinrich von Bodewide eine neue Ordnung in das Land. Die deutsche Besiedelung, hauptsächlich mit Westfalen, wurde eingeleitet, erste Steinhäuser errichtet, auf der Nachbarinsel erfolgte die Grundsteinlegung des Ratzeburger Doms, der bis 1945 und jetzt wieder zu Mecklenburg gehört. Nach dem Sturz Heinrich des Löwen fiel das Gebiet an die lauenburgischen Askanier. Burg und Dom zogen Handwerker und Händler an, eine Stadt entstand, die 1261 das Stadtrecht bekam. Schon 1260 wurden der Lüneburger Damm mit einer Klappbrücke zwischen dem St. Georgsberg und der Schloßwiese geschüttet, und eine Brücke von der Stadtinsel zum Gut Demmin, der heutigen Vorstadt, gebaut.

Ratzeburg

lag abseits der großen Handelswege, konnte sich dadurch seine Unabhängigkeit von Lübeck bewahren und entwickelte sich im Mittelalter zur größten Stadt des Herzogtums. Nachdem die Askanier 1689 ausgestorben waren, zogen die Herzöge von Lüneburg-Celle, Braunschweig und Hannover ein und befestigten die Stadt. Die Burg mußte Festungsanlagen und Militärbauten weichen, Geschützstellungen, Wälle und Palisaden wurden errichtet. Dadurch fühlten sich die Dänen, die das benachbarte Holstein besetzt hielten, bedroht, griffen Ratzeburg 1693 an und machten es bis auf den Dom und wenige Bürgerhäuser dem Erdboden gleich. Alle Befestigungsanlagen mußten geschleift werden. Eine Karte von 1703 zeigt schon das systematisch angelegte Straßennetz um einen zentralen Marktplatz. Da der Neuaufbau Anfang des 18. Jh. durch die bescheidenen Mittel der Bürger erfolgte und Ratzeburg auch nie eine bedeutende Handelsstadt war, gibt es kaum noch Häuser aus diesem Zeitraum.

Tour 3 (Karte siehe Tour 5)

Der Küchensee – mehr als eine internationale Ruderstrecke

Anfahrt s. Tour 2
Wanderstrecke und Profil
    ca. 7 km/gut 2 Stunden,
    geringe Höhenunterschiede
Orientierung
    geschnitztes Holzschild »Rundweg
    Küchensee«, Ostufer zusätzlich
    X = Europawanderweg
Ausgangspunkt
    P »Unter den Linden«
Rast mehrere Bänke am See
Einkehr Gaststätten in Ratzeburg und
    Farchauer Mühle

Wenn man seinen Ferienaufenthalt in Ratzeburg gewählt hat, bietet sich der Küchensee als »Haus und Hofsee« der Stadt geradezu an. Er hat genau die richtige Größe für einen Nachmittagsspaziergang, man benötigt keine besondere Anfahrt, sondern geht direkt von Hotel oder Pension los. Auf halber Strecke gibt es eine gemütliche Einkehrmöglichkeit in der Farchauer Mühle. Auch an einem heißen Sommertag bietet der Erlenbruchwald am See genügend Schatten und Luftfeuchtigkeit.

Vom Parkplatz Unter den Linden geht es an der Gaststätte Hubertus am See vorbei an den Küchensee (s. Tour 2). Der Weg führt links durch den gepflegten Kurpark immer am Seeufer entlang. Wen das Freibad hier nicht lockt, der kann im Aqua Siwa, dem Ratzeburger Hallenbad, gewärmtes Wasser genießen. Der künstlich aufgeschüttete Kleinbahndamm trennt den Stadtsee vom Küchensee, er endet mit einer Holzpforte im Dunkel der Waldschlucht. Rechts geht es weiter, das geschnitzte Holzschild Rundweg Küchensee begleitet den Spaziergänger bei jeder Wegänderung, so daß man sich nicht verlaufen kann; außerdem helfen die X des Europawanderwegs an den Bäumen des Ostufers.

Uralte Buchen recken ihre gewaltigen Äste über den schattigen Weg. In einigen von ihnen haben sich schon die Franzosen Anfang des letzten Jahrhunderts verewigt, als sie das Land besetzt hielten. Die Verteidigungslinien liefen hier vom Süden über Mölln am Steilhang des Sees bis zur Ostsee. Erlenbrüche, kleine Quellen und Bäche wechseln sich zum Seeufer hin ab, so sieht ein Urwald aus.

In Waldesruh auf der Höhe mit Blick über den See hatte schon der Generalfeldmarschall Graf von Moltke seinen Lieblingsplatz, wie ein Stein am Wegrand andeutet. Ein paar 100 m weiter summt und saust es im Wald, das Geräusch ist kaum zu beschreiben. Es stammt von einem Elektrizitätswerk, das den Höhenunterschied zwischen Schaalsee und Küchensee (32 m) nutzend am Ende des extra dafür gebauten Schaalseekanals liegt. Eine Holzbrücke führt über das rasch fließende Wasser zur Farchauer Mühle. Man sieht noch den Mühlenteich, in dem das Quellwasser der Hänge gesammelt wurde, um die Räder dieser ehemaligen Graupenmühle anzutreiben. Sie war lange Tanzlokal mit Dampferzubringer, etwas alt und heruntergekommen. Seit 1993 sind die Gebäude renoviert oder neu aufgebaut und bieten modernen Komfort im Hotelbereich und regionale Spezialitäten, besonders Fischgerichte, im Restaurant.

Am Südufer liegt eine weitere Mühle, wie der große Mühlenteich mit den Entenhäusern verrät. Das Wasser rauscht aber ohne Mühlrad in den tiefer gelegenen Küchensee. Daß es einmal eine Papiermühle war, zeigen die beiden Wasserzeichen (Lilie und Blumenstrauß) an der Hauswand; heute kann man hier Ferienwohnungen mieten. Links, auf einem nach Norden vorspringenden Plateau, liegt der Burgwall Farchau aus dem 12. Jh., ursprünglich eine Befestigungsanlage der Slawen (älteste Funde datieren auf 800 n. Chr.), später als Burg der Ratzeburger Bischöfe bis ins 14. Jh. genutzt. Auf der etwa 60 x 40 m großen Fläche zwischen den Wällen muß man sich einen Wirtschaftshof mit einem festen Haus vorstellen. Die Ziegel im Klosterformat wurden für den neuen Bischofssitz am Dom abgetragen und wieder benutzt.

Auf der Liegewiese an der Badestelle darf man nach vorheriger Anmeldung im Forsthaus ein Lagerfeuer machen oder grillen, der Blick auf den See ist von hier aus einzigartig.

Zwischen Häusern und Seegrundstücken geht es zur Stadt zurück. Links am Berg liegt St. Georg. Nicht nur die alte Kirche ist sehenswert, auch die Ausblicke vom Friedhof lohnen den steilen Aufstieg auf schmalen Kopfsteinpflasterwegen. Die Kastanienallee führt an Minigolfplatz und Ruderclub vorbei. Über die Straße gelangt man zur Schloßwiese, an der Ratzeburg Info und die »Fischerei Ratzeburg« mit geräucherten Delikatessen liegen. Man kann hier auch baden und bei Pelz das beste Eis der Gegend genießen.

Erdgeschichte

Zungenbecken s. Tour 5

Pflanzenwelt

Große Winterschachtelhalmbestände begleiten den Spaziergänger am Ostufer des Sees. Diese Art ist recht selten und liebt nährstoffreiche Böden über Quellhorizonten, besonders an Hängen; davon gibt es hier genug.

Tierleben s. Einführung

Tour 4
»bike and ship« am
großen Ratzeburger See

Anfahrt s. Tour 2
    P Lüneburger Damm am
    Ratzeburg Info
Fahrstrecke und Profil
    22 km/ca. 2 Stunden; einige Steigun-
    gen, Gangschaltung wäre nützlich
Orientierung
    Radweg Nr. 7
Rast Hänge am Seeufer (Ausblick)
Einkehr Gaststätten in verschiedenen
    Orten an der Strecke

Die Inselstadt Ratzeburg ist von der Natur besonders verwöhnt, gleich vier Seen umgeben die Stadt. Der Große Ratzeburger See reicht bis dicht vor die Tore von Lübeck. Die sanften Hügel der Grundmoränenlandschaft in der Umgebung bieten sich geradezu zum Radfahren an. Wer sein eigenes Rad zu Hause gelassen hat, kann sich für diese Tour ein »Paket« (Fahrrad und Schiffskarte) bei der Ratzeburg Info besorgen. Erst kräftig in die Pedale treten, dann gemütlich mit dem Schiff zurück, das ist wohl die logische Reihenfolge.

Ausgangspunkt für diese Tour ist der Parkplatz am Lüneburger Damm bei der Schiffsanlegestelle. Auf der ehemaligen Trasse der Ratzeburger Kleinbahn geht es direkt am Seeufer bis zum Klärwerk. Ein geschnitztes Holzschild zeigt nach rechts: Buchholz 3,8 km. Quellhänge begleiten den Radfahrer rechts und links, Erlenbrüche mit großen Beständen des seltenen Riesenschachtelhalms schränken den

Blick auf den See kaum ein, Eisenbakterien färben die Quellen am Hang rostbraun.

Am Ortsausgang führt ein steiler Weg auf die Seitenmoränenhänge des Sees – da muß man wohl schieben. Am Ende der Steigung geht es rechts weiter (Ausschilderung an einer dicken Buche). Der See schimmert noch durch die Bäume. Erst radelt man durch den Buchenhochwald, dann am Bach entlang nach Einhaus, dem schon 1194 erwähnten Dörfchen (ad unam domum = bei einem Hause). Unter der Bahnstrecke Lüneburg–Lübeck geht es durch einen Tunnel, und über die B 207 zum Dorfzentrum, einer Ansammlung von Bauernhäusern auf einer Anhöhe. Am Zollhaus, dem heutigen Gasthaus zum Zoll, mußten die Reisenden früher das sogenannte Grönauer Wegegeld bezahlen, erst dann durften sie die Heer- und Frachtstraße von Mölln nach Lübeck benutzen.

Von Einhaus führt der Weg auf wenig befahrenen, asphaltierten Wirtschaftswegen durch die anmutige Knicklandschaft der Grundmoräne. Etwa 1 km hinter Einhaus muß man rechts abbiegen; der Knick mit Eichenüberhältern begleitet den Radfahrer wie eine Allee. Nach Klein Disnack geht es den Klosterberg hinauf, Kraft ist hier angesagt. Die schöne Aussicht belohnt aber für alle Anstrengungen. Groß Disnack selbst wird links liegengelassen, es geht weiter nach Klein Sarau. Hinter dem Ortsausgangsschild hält man sich zunächst rechts (Richtung Groß Sarau), biegt aber bald nach links (Richtung Hornstorf) ab. Rechts liegt die Erhebung des Hellbergs. Ein kleiner Umweg über diesen Berg lohnt sich; bei guter Sicht entdeckt man in der Ferne die sieben Türme der Hansestadt Lübeck. Links geht es weiter durch das Gut Tüschenbek mit seinem villenartigen Herrenhaus am See zur B 207. Dem gut aus gebauten Radweg folgt man nur ca. 300 m nach Süden, um dann links nach Rothenhusen, dem Anleger der Personenschiffahrt, abzubiegen. Hier endet dann die Radtour. Am Abfluß des Ratzeburger Sees in die Wakenitz stand schon Ende des 16. Jh. ein befestigtes Blockhaus auf Pfählen und Steinfundamenten. Die Lübecker Besatzung hatte hier ihre Unterkunft und wußte mit Kanonen die Hoheitsrechte zu wahren. Erst 1810 wurden die letzten Geschütze entfernt. Heute kann man hier in einer gepflegten Gaststätte eine Pause einlegen.

In der Hauptsaison (1.5. bis 30.9.) fahren die modernen Fahrgastschiffe, MS Mecklenburg und MS Heinrich der Löwe, von 10 - 17 Uhr zu jeder vollen Stunde von Rothenhusen nach Ratzeburg zurück. »Kleine Leckereien« in der Bordrestauration sorgen für das leibliche Wohl, über Lautsprecher bekommt der Fahrgast auf allen Decks interessante Informationen über den See und die reizvolle Landschaft. Wen das Schiff nicht lockt, der kommt auf gut angelegtem Weg direkt am westlichen Ufer des Ratzeburger Sees entlang über Groß Sarau, Pogeez und Buchholz nach Ratzeburg zurück (ca. 12 km).

Wer ohne Fahrrad in Rothenhusen angekommen ist, kann auf dem romantischen, seerosenbewachsenen Amazonas des Nordens, dem ehemaligen Grenzfluß Wakenitz mit MS Maiworm bis in die Lübecker Innenstadt

gelangen. Zur Rückfahrt nach Ratzeburg kann man die Bundesbahn oder den Bus wählen.

Kulturgeschichte

Die Schleswig-Holsteinische Knicklandschaft ist erst gut 200 Jahre alt. Vor dem 18. Jh. bestand eine vielgestaltige Acker-, Weide- und Wiesenflur, die sich mit Gebüschen und Wäldern abwechselte. Es gab Feldgemeinschaften und Gemeindeweiden. Um 1770 (Verkoppelungsgesetze) wurden die Dorffluren vermessen, und jeder bekam sein eigenes Land, das er mit Strauchwerk einfassen mußte. Durch dieses lineare Knicknetz wurden die übrigen Landschaftselemente verbunden und ökologisch verbessert. Die Knickpflege, das »auf den Stock setzen« (= Abholzen), entstand durch den Wechsel der Nutzung. Nach der Brache im ersten Jahr folgten 5 bis 6 Jahre Ackerbau mit verschiedenen Feldfrüchten. Wenn dann der Knick hoch genug und durch Abknicken und Verflechten auch dicht genug war, fand im 7. bis 9. Jahr vor dem erneuten Knicken eine Weidenutzung statt.

Knicks dienen nicht nur der Abgrenzung, sie haben auch einen positiven Einfluß auf das Kleinklima, schützen vor Wind und Erosion und waren früher wichtige Rohstofflieferanten vom Knickholz bis zum Kräutertee. Die Überhälter, ab und zu stehengelassene Einzelbäume im Knick, wurden zur Pfahlholzgewinnung genutzt.

Erdgeschichte

Zungenbecken s. Tour 5

Pflanzenwelt s. Einführung

Tierleben

Die Knicklandschaft bietet Lebensraum für eine Vielzahl an Tieren. Be-

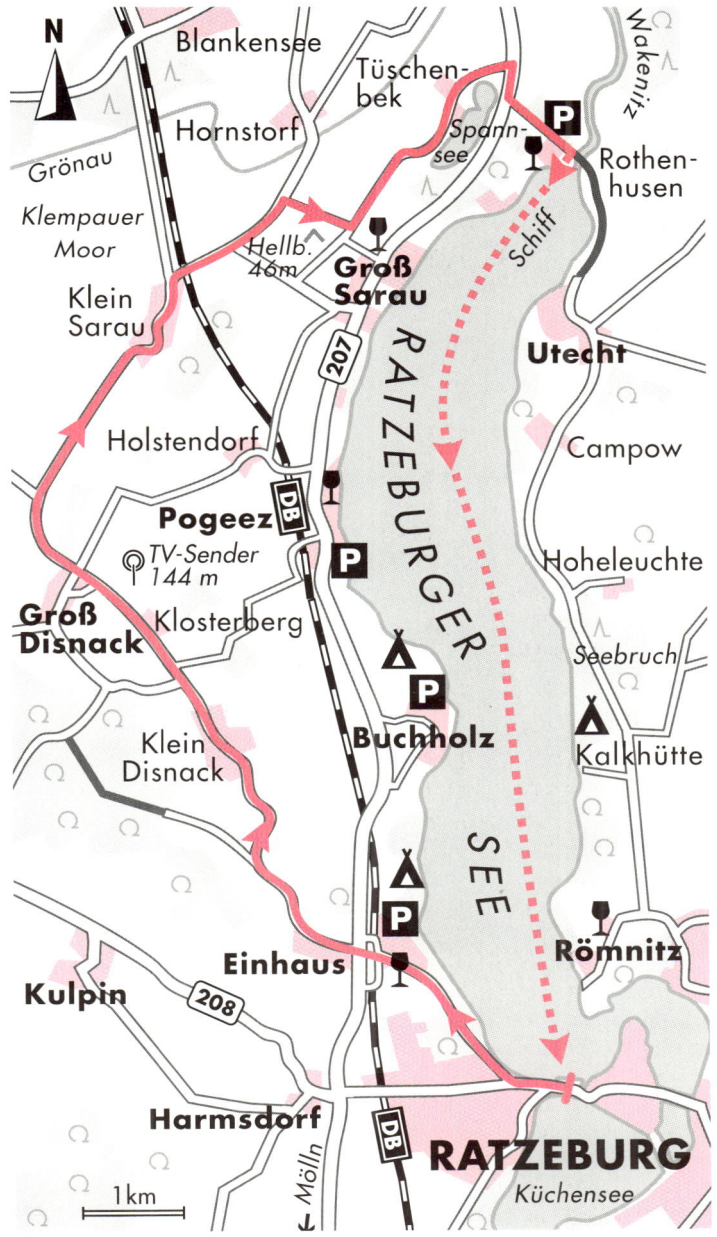

N

Blankensee

Tüschen-
bek

Hornstorf

Spann-
see

Grönau

P

Wakenitz

Rothen-
husen

Klempauer
Moor

Hellb.
46m

Klein
Sarau

Groß
Sarau

Schiff

207

R
A
T
Z
E
B
U
R
G
E
R

Utecht

Holstendorf

Campow

DB

Pogeez

P

TV-Sender
144 m

Hoheleuchte

Groß
Disnack

Klosterberg

Seebruch

Klein
Disnack

P

Buchholz

Kalkhütte

S
E
E

Kulpin

P

Einhaus

208

Römnitz

Harmsdorf

DB

Mölln

RATZEBURG

1km

Küchensee

sonders die vielen Vogelarten fallen auf, die den Knick in unterschiedlichster Weise nutzen. Die Überhälter (s.o.) dienen den großen Greifvögeln wie Bussarden als Ansitzwarte, wenn sie den Mäusen auflauern. In den zurückgestutzten Büschen mit zahlreichen Ästen und Astquirlen bauen Kleinvögel wie Goldammern, Heckenbraunellen und verschiedene Grasmücken ihre Nester und finden unter den vielen Insekten dieses Biotops ihre Nahrung. Untersuchungen zur Brutvogeldichte zeigen, daß Doppelknicks und Knickabzweigungen eine sehr viel höhere Vogeldichte haben als Einzelknicks.

Tour 5
Rundwanderung am Süd-
ufer des Ratzeburger Sees

Anfahrt
    s. Tour 2, P s. Tour 4
Wanderstrecke und Profil
    ca. 12 km/4 Stunden, Steigungen
    bis 45 m Höhe
Orientierung
    Europawanderwegezeichen X
    am Westufer, Schlange am Ostufer
Rast Bänke am Seeufer
Einkehr Gaststätten in Ratzeburg,
    Römnitz, Kalkhütte und Buchholz
Achtung: Als Rundtour mit Schiffahrt
    nur vom 1.4. bis 23.10. möglich.

Kombiniert mit einer kurzen Schiff-
fahrt von Kalkhütte nach Buchholz er-
gibt sich ein interessanter Rundweg im
Süden an den waldreichen Ufern des
Großen Ratzeburger Sees. Die Rundtour kann auch in zwei Einzelwan-
derungen zerlegt werden. Dazu fährt
man vom Lüneburger Damm aus mit
dem Schiff nach Kalkhütte bzw.
Buchholz und wandert an den Ufern
nach Ratzeburg zurück.

Über den Lüneburger Damm, die
Stadtinsel und den Königsdamm gelangt man in die Vorstadt. Bei der
Gaststätte »Domblick« geht es links
am Seeufer entlang. Von hier hat man
einen wunderschönen Blick auf den
Ratzeburger Dom und das A.-Paul-
Weber-Museum. Dem Bäker Weg
folgt man bis zu den steilen Wald-
hängen am Ende des Weges. Hier gibt
es viele Quellen und feuchte Stellen
im Wald, sie werden im Löwenbrun-
nen zusammengefaßt und in den See

geleitet. Ein schattiger Waldweg mit
efeubewachsenen Bäumen am Hang
und Erlenbrüchen zum See führt auf
den Mühlenweg nach Bäk. (Hier kann
man einen Abstecher nach rechts ins
interessante Kupfermühlental unternehmen und auf anderem Weg nach
Römnitz gelangen.) Der vom Mühlenweg abzweigende Papengang führt
wieder direkt in den Wald, der Weg ist
gut ausgeschildert. Durch das Has-
selholz, hoch über dem See gelegen,
erreicht man die Dorfstraße von Römnitz. Der Buchenhochwald an den
Hängen wird von Edelhölzern unterbrochen; Kirsche, Ahorn und Eiche
wechseln sich ab. Immer wieder hat
man schöne Ausblicke auf die Inselstadt. Wer schon Hunger oder Durst
verspürt, sollte links zur Römnitzer
Mühle abbiegen, früher eine alte
Mecklenburger Getreidemühle, heute
ein gepflegtes Speiselokal. Am Ende
der Straße ist auch der Anleger der
Personenschiffahrt, die Bänke auf dem
Steg laden zur Rast oder zum Son-
nenbaden ein. Wer noch keine Pause
braucht, kann auch gleich geradeaus
durch die Felder weiterwandern. Das
malerische Soll auf der rechten Seite
ist von Kopfweiden umgeben. Es ist ein
Überbleibsel der letzten Eiszeit, ein
Toteisloch, und zeigt mit den guten
lehmigen Böden rundherum, daß man
sich in der Grundmoränenlandschaft
befindet. Der Weg durch die Felder ist
nur kurz, dann folgt der nächste Wald
nach Kalkhütte zu. Früher wurde hier
die anstehende Seekreide (s. Erdgeschichte) abgebaut und zur Ziegel-
herstellung verwandt. Am Hang zeigen sich an einigen Stellen deutlich
die Terrassenbildungen der Späteiszeit

und ihrer Schmelzwasserströme (s. Erdgeschichte). In diesem Wald soll sich vor Jahrhunderten der Sage nach »Gräsiges« zugetragen haben. Im Dunkel der Schluchten lebte Papendöneke mit seiner Frau, ein Räuber, der all seine Kinder erschlug und die Gerippe an der Hauswand aufhängte. Er war sehr reich, gehörte daher wohl zu den »Raubrittern«, die entlang der Handelsstraßen nach Lübeck an unzugänglichen Stellen hausten und die Fuhrwerke überfielen (s. Kulturgeschichte). Aus dem Dunkel des Waldes geht es jetzt ans Licht des Sees. Die Schiffe »Heinrich der Löwe« und »Mecklenburg« bringen die Gäste sicher ans gegenüberliegende Ufer bei Buchholz, man muß nur deutlich aufdem Steg stehen, denn außer dem Lüneburger Damm und Rothenhusen sind alle anderen Bedarfsanlegestellen, und das Schiff fährt weiter, wenn niemand aus- oder einsteigen will.

Bei Buchholz, dem alten Fischerdorf am Hang, führt der Wanderweg direkt hinter dem Schilfgürtel am Wasser entlang durchs Landschaftsschutzgebiet. Er zieht sich schattig zwischen Quellhängen rechts und Erlen links zum Ufer hin. Im Wald muß man die Höhen der Gletscherseitenmoränen ersteigen, tief unten schimmert der See durch die Bäume.

Ein Schild zeigt zum Ansveruskreuz (300 m rechts), hier sollte man kurz abbiegen. Der heilige Ansver, im 11. Jh. Abt des Benediktinerklosters »St. Georg auf dem Berge«, wurde hier am 15. Juli 1066 mit 18 Mönchen von heidnischen Polaben gesteinigt. Zahlreiche Legenden sind um diesen Mann entstanden, der im 12. Jh. heilig-

gesprochen und in den Ratzeburger Dom überführt wurde. Wohl im 14. Jh. ließ ein Domherr des Bistums Ratzeburg an dieser Stelle ein Votivkreuz errichten. Dieses Radkreuz aus gotländischem Korallenkalk soll an den ersten christlichen Glaubensboten im Lauenburgischen Land erinnern. Jedes Jahr versammeln sich hier Katholiken aus der ganzen Umgebung am 2. Sonntag im September zu einem großen Wallfahrtsgottesdienst. Hinter dem Schlagbaum führt der Weg rechts in den Wald und zum Hauptweg zurück. Viele Holzstufen führen ans Ufer des Sees zur Himmelswiese hinunter, Badestelle und Liegewiese zugleich, man kann aber auch dem Hauptweg folgen, Einhaus ist ausgeschildert.

Folgen Sie ruhig links den roten Herzen an den Bäumen, die wohl ein Spaßvogel hinterlassen hat. Auf diesem alten Weg ist es viel interessanter und romantischer so direkt am Steilhang entlang, ein abenteuerlicher Schleichweg mit Seeblick (vom Hauptweg aus ist der See gar nicht zu sehen). Von hier aus nach Ratzeburg (s. Tour 4 rückwärts).

Kulturgeschichte

Die durch den gleichnamigen Ort fließende Bäk ist der Abfluß des Mechower Sees zum Ratzeburger See mit einem Höhenunterschied von mehr als 20 m. Das starke Gefälle wurde für den Betrieb mehrerer Mühlen genutzt. Die Pfaffenmühle aus dem Mittelalter lag direkt am Ratzeburger See. Am Ende des 16. Jh. wurden 4 Kupferhämmer und je 1 Papier-, Pulver- und Walkmühle aufgebaut, die später alle auch in Kupfermühlen (Name) umgebaut wurden. (Der Papiermühlenbetrieb

N

Buchholz

Seebruch

207

Kalkhütte

R
A
T
Z
E
B
U
R
G
E
R

S
E
E

Einhaus

Bäk

Römnitz

207

DB

St. Georgs-
berg

RATZEBURG

← Mölln

Küchensee

**Vorstadt
Demmin**

Fähre

——	Tour 3
····	Tour 5

Farchauer
Mühle

1 km

wurde in der damaligen Kupfermühle in Farchau (s. Tour 3) fortgesetzt.) Die Blütezeit der Kupferindustrie lag im 18. Jh.; heute kann man im Tal nur noch die alten Mühlendämme erkennen.

Erdgeschichte

Die Ratzeburger Seen sind auf eine Gletscherzunge zurückzuführen, die von der Lübecker Bucht weit nach Süden vorstieß, sie hatten damit eine Verbindung zur Ostsee und waren so etwas wie eine Förde. Schon im Tertiär gab es hier eine Hohlform, die die Gletscher später als Zungenbecken nutzen konnten. Über 20 m tief wurde der Boden ausgeschoben, in einigen Rinnen bis zu 24 m. Besonders zum Norden hin wurden Geröllmassen abgelagert, genauso wie am Schaalsee. Fast 12 km² des Seebodens liegen tiefer als der Ostseespiegel. Der Große Ratzeburger See ist damit die größte Kryptodepression Norddeutschlands (krypto = verborgene, weil von Was-ser bedeckte Einsenkung unter dem Meeresspiegelniveau). Auch die abgetragenen Terrassen an den Seitenmoränen der Gletscherzunge weisen auf die Tätigkeit des Eises hin. Als es taute, ließ es auf diesen Terrassen Sande zurück, die noch heute die jeweilige Höhe des Lübecker Stausees zu den verschiedenen Tauperioden anzeigen.

Seekreide kann in kalkreichen Gewässern entstehen, wenn in ihnen die Armleuchteralge Chara wächst. Zum Wachstum benötigt sie Traubenzucker und Stärke, die sie mit Hilfe des Sonnenlichts aus Wasser und Kohlendioxid in der Photosynthese selber aufbaut. Hierzu zersetzt sie den doppelkohlensauren Kalk des Wassers in Kohlensäure, die sie aufzehrt, und kohlensauren Kalk, der sich als Seekreide absetzt.

Pflanzenwelt, Tierleben

s. Einführung

Tour 6
Durch die Garrenseerinne zum Salemer Moor

Anfahrt
Bus Linienbus Ratzeburg-Mustin
Haltestelle in Sande
Pkw B 208 zum P Waldrand hinter Sande
Rad 4 km von Ratzeburg (Vorstadt)
Wanderstrecke und Profil
Garrenseerinne ca. 9 km/3 Stunden
und Salemer Moor ca.12 km/4 Std.
Höhenunterschiede
bis 20 m, auch als Radtour geeignet
Orientierung
Garrenseerinne bis Salem und
zurück, gut beschildert (Eule),
Salemer Moor kaum beschildert
Rast Bänke an den Seen
Einkehr in Salem

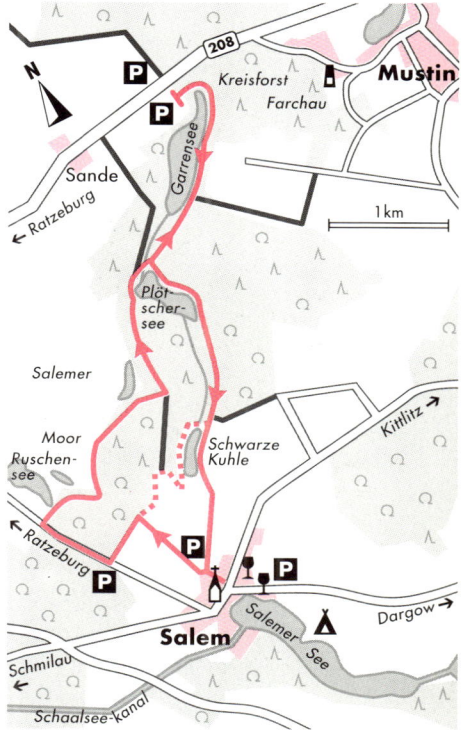

Die Garrenseerinne mit Garrensee, Plötschersee und Schwarzer Kuhle liegt von Wald umgeben abseits der großen Freizeit- und Urlaubszentren. Ihre Abgeschiedenheit und Ursprünglichkeit ist wie geschaffen für Menschen, die Einsamkeit mit Ruhe und Besinnung suchen – Natur pur. Das zu Mecklenburg gehörende Gebiet wurde nach 1945 im Rahmen eines Gebietstausches dem Herzogtum Lauenburg zugeteilt und auch forstlich verwaltet.

Am Parkplatz zeigt die Ausschilderung Eule 4,5 km bis Salem. Der Weg führt am östlichen Seeufer des Garrensees entlang durch das Garrenseeholz. Nur wenige Seggenbülten wachsen am Ufer, das Wasser ist auffallend klar, unvermoderte Blätter liegen zwischen ausgefälltem Kalk und Sand am Boden, ein oligotropher (nährstoffarmer) See.

Am Hangwald wachsen Buchen, unter den Altbäumen vielfach als Naturverjüngung in unterschiedlichen Stadien. Das geschnitzte Holzschild am Ende des Sees zeigt wieder Salem, diesmal 3,5 km. Auch der Plötschersee (13,5 m tief) ist nährstoffarm und wirkt ruhig und geheimnisvoll. Am östlichen Ufer des Plötschersees entlang erreicht man den Verbindungsgraben zur Schwarzen Kuhle. Der Graben selbst ist stark vermoort und weitet sich zu einem Birken-Erlen-Bruch mit Seggen, Farnen, Binsen und Torfmoosen, ein völlig anderer Landschaftscharakter als an den beiden

47

Seen, aber genauso verwunschen, nicht nur im herbstlichen Nebel. Die Schwarze Kuhle ist der letzte See der Garrenseerinne und nur 10 m tief. Sein braunes Wasser und der weit in den See hineinragende Schwingrasen zeigen, daß er dystroph (nährstoffarm aber huminsäurereich) ist, ein typischer Braunwassersee. Das Gesamtgebiet darf nur auf den Wegen betreten werden (Naturschutzgebiet), die auf dem Wasser liegenden Schwingrasen sind außerdem lebensgefährlich! Ein »Redder« (Doppelknick) begleitet den Weg durch die Wiesen und Felder nach Salem. Hier kann man links zum Dorf abbiegen und eine Tasse Kaffee genießen oder sich rechts gleich auf den Rückweg machen (9 km gesamt).

Wer noch Lust auf das Salemer Moor hat, muß etwa 1,5 km am Sportplatz vorbei der Lindenallee nach Ratzeburg folgen. Am Ende des Waldes geht es rechts zum Salemer Moor, ein Holzschild mit einer Graugans dient als Wegweiser. Der Spruch am Eingang gilt nicht nur hier, aber hier ganz besonders:

»Laß Deine Augen offen sein,
geschlossen Deinen Mund,
und wandle still, so werden Dir
geheime Dinge kund.«

Eine Informationstafel weist auf Besonderheiten hin: auf Rotbauchunke, Laubfrosch, Kranich und 26 verschiedene Torfmoosarten. Das Betreten des Moores ist streng verboten, im Sommer wird es von freiwilligen Helfern des WWF bewacht. Auch vom Weg aus kann der Interessierte genug entdecken. Eine uralte Eiche gibt den Weg am kieferbewachsenen Moor entlang

frei. Ein Randsumpf umgibt das Moor wie eine Umfriedung und geht in eine offene Wasserfläche mit Seggenbülten über. An der Weggabelung geht es hier rechts ab, eine Ausschilderung fehlt; folgt man den nächsten beiden Wegegabelungen links, erreicht man den Reitweg, der direkt zur Försterei Sande führt. Fußgänger sollten vorher zum Westufer des Plötschersees abbiegen (ausgeschildert). Die Strecke am Wasser ist aber nur etwas für Abenteurer. Am Ostufer des Garrensees (das Westufer ist aus Naturschutzgründen gesperrt) geht es zum Parkplatz zurück.

Naturschutz:

Das Garrenseeholz ist Teil eines übergreifenden etwa 30 000 ha großen Schutzgebietes rund um den Schaalsee, das vom »Zweckverband Schaalseelandschaft« betreut wird (s. Naturschutz, Einfürung).

Erdgeschichte

Die Stelzwurzeln der Erlen deuten auf unterschiedliche Wasserstände hin. Unerklärliche unterirdische Wasserzufuhr läßt den Seespiegel des Garrensees alle paar Jahre steigen und wieder fallen. Mit einer Wassertiefe von 38 m ist er ein eiszeitliches Strudelloch, ausgespült von dem vom Gletscher herabstürzenden Tauwasser. Moore entstehen auf Standorten, an denen ein Wasserüberschuß herrscht. Organische Substanzen von Moosen, Seggen, Gräsern usw. werden unter Sauerstoffmangel nicht vollständig abgebaut, sie vertorfen und bilden z.B. im Salemer Moor eine bis zu 5 m dicke Torfschicht, je nach Entstehung: Flachmoor-, Hochmoor- oder Bruchwaldtorf.

Die Moore in diesem Gebiet nehmen nicht nur eine klimatische Sonderstellung ein (s. Pflanzenkunde), sondern auch eine geomorphologische. In der letzten Eiszeit lag hier die »Umbiege-stelle« des nord-südlich verlaufenden schleswigschen Eisrandes in den west-östlich verlaufenden mecklenburgi-schen. Der Rand wurde stark gezerrt und dadurch in verschiedene Eiszun-gen zerlappt. Ein vielfältiges Rinnen-system mit zahlreichen Seenketten, Flüssen und wasserführenden Senken

entstand. An der Stelle des Salemer Moores lag nach der Eisschmelze ein flacher, abflußloser See auf tonigem Untergrund, bewachsen mit Pflanzen, die auch heute noch hier vorkommen. Dieser flache See verlandete rasch.

Pflanzenwelt

Das Salemer Moor ist ein klassi-sches Beispiel für ein Waldhochmoor östlichen Charakters mit Sumpfporst als Kennart. Nach pollenanalytischen Untersuchungen hatte das Moor nicht immer eine Waldvegetation (Wald-moortorf wurde nur in den obersten Schichten gefunden). Bis ca. 1800 war es genauso wie alle atlantischen Hoch-

moore im Westen baumfrei. Die Torf-moose in Verbindung mit der übrigen Vegetation (Rauschebeere, Moosbee-re, Rosmarinheide, Sumpfveilchen) zeigen, daß das Salemer Moor ein noch immer wachsendes Hochmoor ist. Am weitläufigen Randsumpf im Osten sieht man Übergänge zur Nie-dermoorvegetation.

Tierleben

Warum nur diese Betretungsver-bote, Sperrschilder und Wachen in ihren getarnten Wohnwagen am Sale-mer Moor? Sie befinden sich ganz nahe an einem Brutgebiet von Kranichen. Nur etwa 30 Paare dieser seltenen großen, hochbeinigen und langhälsi-gen Vögel mit silbergrauem Gefieder, roter Kopfplatte und den sichelförmig herabhängenden Armschwingen gibt es im Lauenburgischen. Sie sind Boden-brüter und errichten im knietiefen Was-ser mit Gras und Schilfstengeln eine trockene Insel mit gut 1 m Durch-messer; so sind die Eier gut geschützt. Aber schon ein paar trockene, sonnige Tage und Füchse, Wildschweine oder sorglose Menschen haben Zugang zu dem Nest. Auch wenn der Jungvogel schlüpft, lauern auf ihn viele Gefahren. Als Nestflüchter geht er mit den Eltern auf die benachbarten Wiesen, denn Jungvögel brauchen Insektennahrung im Gegensatz zu den Altvögeln, die sich vorwiegend von Pflanzenteilen er-nähren. Auch wenn man den Kranich nicht zu Gesicht bekommt, seine trompetenartigen Rufe beeindrucken. Schutzmaßnahmen wie Wasserstau und Betretungsverbote nützen auch anderen seltenen Tieren, die sich in sol-chen Ruhezonen wieder vermehren können.

Tour 7
Zum Seedorfer Werder –
mitten im Schaalsee

Anfahrt nach Seedorf
Bus   Linienbus von Ratzeburg zur
          Haltestelle Nähe Kirche
Pkw   von Ratzeburg (Vorstadt), von Mölln
          über Sterley, von Büchen und Gudow,
          Hollenbek zum P der Kirche Seedorf
Wanderstrecke und Profil
          6 km/2 Stunden bei nur geringen
          Steigungen
Orientierung
          Ausschilderung Delphin
Rast Bänke an Weg u. Aussichtspunkten
Einkehr in Seedorf

Wie eine Insel liegt der Seedorfer Werder am nordwestlichen Ende des Schaalsees. Hier sagen sich nicht nur Fuchs und Hase gute Nacht, wie das Sprichwort meint, sondern auch andere seltenere Tiere, deren Lebensraum geschützt werden soll. Darum ist ein Teil des Werders gesperrt (Sperrschild: roter Diagonalstrich durch grüne Baumgruppe). Naturbewußte Urlauber bleiben aber sowieso auf den Wanderwegen! Vom Parkplatz an der Kirche führt ein gut ausgebauter, gut ausgeschilderter Wanderweg auf den Seedorfer Werder (geschnitztes Holzschild: Seedorfer Werder, Wanderwegzeichen: Delphin). Die kunsthistorisch bedeutende Kirche stammt in Teilen aus dem 13. Jh. und enthält wertvolle Malereien, die bei der Restaurierung aufgefrischt, bzw. auch von Übermalungen befreit wurden.

Der Turm ist 1872 erneuert worden. Am Ende des Friedhofs steht ein seltener Parkbaum mit lang herabhängen-

den Früchten wie geflügelte Perlen an einer Schnur, die Eschenblättrige Flügelnuß, ein Walnußgewächs. Eine parkartige Gartenanlage geht bis zum Schloß, das gerade restauriert wird.

Vor dem Schlagbaum am Waldrand biegt man rechts zum Schaalsee ab. Alte Bäume bilden ein Dach über dem Weg. Das Wasser des großen Sees ist klar, der Uferstreifen nur wenig bewachsen. Der Blick geht weit bis zum jenseitigen Ufer: rechts liegt noch der Zipfel der Teufelsbrücke vom Zecherer Werder, dahinter schon Mecklenburg, vor Jahren noch unerreichbar.

Nach kurzem Anstieg ein wunderbarer Blick über den Schaalsee, man steht direkt an einem Steilufer. An der Gabelung gibt es zwei Wege nach rechts, man nimmt davon den linken, rechts kommen jetzt mehrere Sperrschilder (Schongebiet). Ein Fußpfad führt zum Kirchensee hinab, die Ausschilderung zeigt rechts nach Dargow. Hinter der kleinen Brücke geht es links

Richtung Seedorf an einem Erlenbruch mit Niedermoorvegetation vorbei durch den Wald ins Dorf zurück.

Die Landgaststätte »Lindenhof« liegt an der Dorfstraße, die von Fachwerkhäusern und -katen des 1972 aufgelösten Gutsbetriebs gesäumt wird. Links folgt man der Straße zur Kirche zurück. Ein Blick in die alte Schmiede an der Kreuzung lohnt sich. Sie steht unter Denkmalschutz und war noch bis 1990 Dorfschmiede. Meistens ist das Tor offen, und ein Feuer brennt noch wie in alten Zeiten auf der Esse. Gitter, Gartentore und andere kunsthandwerkliche Gegenstände werden bei Frank Swoboda nach den Wünschen der Kunden gefertigt.

Kulturgeschichte

Direkt vor dem Ortseingang von Seedorf (von Hollenbek kommend) liegt links ein Grabhügelfeld aus der späten Bronzezeit. Karten von 1764 zeigen noch 11 erhaltene Gräber, die Hilgenbargen (Heilige Berge). Die Siedlung der dort bestatteten Menschen wird am Schaalsee oder Kirchensee vermutet. In mehreren Grabungen seit etwa 1800 sind verschiedene Bronzegegenstände, Urnen und menschliche Skelette gefunden worden. 2 Hügel sind noch fast vollständig erhalten, allerdings nicht mehr in der ursprünglichen Höhe von 4 m, 4 weitere kann man noch gut erkennen.

Pflanzenwelt

Der Wald auf dem Werder ist besonders pilzreich, wenn es auch nicht gerade Edelpilze sind. Auf Stubben und umgefallenen Bäumen finden sich Kolonien von holzzersetzenden Arten, im Unterholz wachsen vorwie-

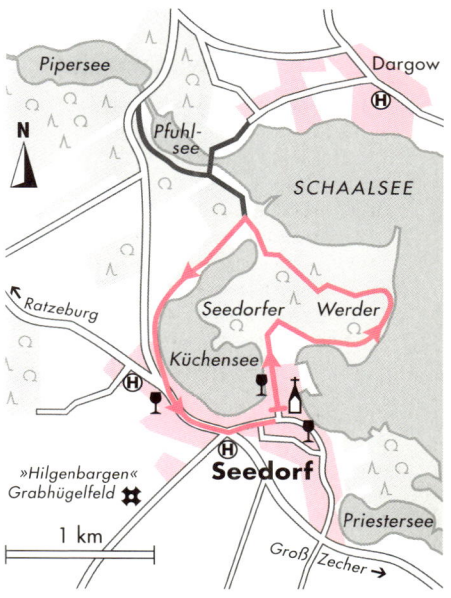

gend im Herbst große Hexenringe von verschiedenen Ständerpilzen in rötlichen, braunen und weißen Tönungen. Hexenringe entstehen durch das Wachstum des Myzels, des eigentlichen Pilzes, in der Bodenstreu. Vom Zentrum wächst das Myzel zunächst in alle Richtungen, die älteren inneren Teile sterben ab, an den Rändern wächst es aber weiter und bildet Fruchtkörper, die Pilze, die dann ringförmig angeordnet sind.

Tierleben s. Einführung

Tour 8
Der Bartelsbusch – nicht nur ein Frühlingswald

Anfahrt zum P an der B 208
Pkw über die B 208
        Ratzeburg–Bad Oldesloe
Rad ca. 13 km von Ratzeburg
Wanderstrecke und Profil
        ca. 6/km/2 Std., keine Steigungen
Orientierung
        s. Tourenkarte S. 55
        Wanderwegmarkierung mit
        km-Angaben: Eichel bzw. Schnecke;
        X = Europawanderweg
Rast am Wegrand
Einkehr unterwegs nicht möglich

Der Bartelsbusch, an der B 208 zwischen Ratzeburg und Berkenthin gelegen, ist einer der wenigen großen Wälder im Norden des Kreises. Er ist ein Mischwald mit vielen Arten von Edellaubhölzern, die ihn im Herbst von seiner schönsten, bunten Seite zeigen. Aber auch schon im Frühling hat er viel zu bieten: Himmelsschlüssel, Anemonenteppiche und die eine oder andere seltene Pflanzenart unter blühenden Kirschbäumen und mächtigen Eichen und Buchen. Als Ausgangspunkt dient der Parkplatz an der B 208 direkt am Wald. Der westliche Eingang mit der Eichel auf dem Wegweiser zeigt genau nach Norden. Rechts und links des Weges fallen mehrere kleine runde Sölle oder vermoorte Vertiefungen mit unterschiedlichem Bewuchs je nach Schatten- oder Sonnenstandort auf. (s. Erdgeschichte).

Ein tiefer künstlicher Taleinschnitt wird vom Wanderweg gequert. Auf dieser Strecke fuhr noch 1962 die Eisenbahn von Ratzeburg nach Bad Oldesloe, die aber aufgrund des geringen Verkehrsaufkommens aufgelöst wurde. Die Natur hat sich den Standort schnell zurückerobert.

An der Wegegabelung geht es nach rechts, ein zusätzliches X an den Bäumen zeigt, daß der Weg Teil des Europawanderwegs vom Nordkap bis nach Sizilien ist. Eine Allee führt auf ein ehemaliges Waldarbeitergehöft zu. Die dazugehörige Försterei ist abgebrannt, Gartenblumen wachsen noch zwischen den Büschen und Bäumen.

Am Ende des Waldes geht es links nach Groß Disnack, einem kleinen Dörfchen mit weniger als 100 Einwohnern, aber einem großen Fernsehturm von 144 m Höhe. Kurz vor den ersten Häusern biegt man links in die Felder ab. Ein knickbewachsener Weg führt in den Wald zurück. Da dieser Weg als Reitweg zugelassen ist, ist er nicht immer so eben wie die vorigen. Nach gut 500 m zeigt der Wegweiser rechts nach Berkenthin, der Wanderweg geht aber links zurück zur Bahntrasse. Um nicht den schon bekannten Weg zurückzugehen, biegt man hinter der Trasse links zu einem Feuchtgebiet mit kleinem See ab. Wühlspuren am Rand und in den umliegenden Waldungen zeigen, daß es hier auch Wildschweine gibt. Tagsüber haben sie sich aber in die Dickungen zurückgezogen und lassen sich nicht blicken. Der Weg endet danach direkt am Parkplatz (östliche Seite).

Erdgeschichte
Geomorphologisch gehört der Forstort Bartelsbusch zur weichseleiszeitlichen Grundmoränenlandschaft

mit einem hohen Anteil an Ton und Schluff im Boden, der durch die Gletschertätigkeit entstanden ist. Dieser kalkhaltige Geschiebemergel ist entscheidend für die Bodenfruchtbarkeit im Gebiet, da er ein gutes Wasser- und Nährstoffhaltevermögen besitzt. Die Bodenqualität ist hier mit die höchste im Kreis und weist Spitzenwerte von über 55 Bodenpunkten aus. Daher wachsen Bäume in diesem Wald schneller zu stattlichen Exemplaren heran, und auch die andere Vegetation ist hier besonders üppig. Die Sölle (Toteislöcher) sind in diesem ehemals vergletscherten Gebiet durch Abschmelzen von liegengebliebenen Eisblöcken entstanden.

Pflanzenwelt

Dieser Wald hat eine naturnahe Altersstruktur, d. h. relativ alte Baumbestände mit über 200jährigen Eichen wechseln z. B. mit Abteilungen, auf denen Naturverjüngung hauptsächlich mit Buche gepflegt wird. Der Laubmischwald zeigt eine typische Zusammensetzung für diesen bodenfruchtbaren Standort mit Edellaubhölzern wie Esche, Kirsche, Ahorn, Buche und Eiche. In der Krautschicht kommen seltene Arten wie Aronstab, Schuppenwurz, Einbeere und Waldprimel häufiger vor. Die Standortvielfalt wird durch den querenden Bahndamm mit lichten Böschungen, breite Wegränder und Lichtungen erhöht. Die artenreichen Waldränder leiten zu Wiesen- und Ackerbiotopen über.

Tierleben

Der naturnahe Hochwald mit unterschiedlicher Altersstruktur bietet horstbauenden Großvögeln wie Kolkrabe und Rotmilan beste Nistmöglichkei-

ten. Im Altholz gibt es genügend Nischen und Höhlungen für höhlenbrütende Vögel und Fledermäuse. Viele der aufgehängten Nisthilfen sind gerade auch für letztere eingerichtet worden, um genügend Sommerquartiere und Höhlen für die Jungenaufzucht anzubieten. Auch der Bahndamm wurde an unzugänglicher Stelle für Fledermäuse hergerichtet.

Anschluß- und Erweiterungstouren: 8a Ein Abstecher zum schönsten Dorf Schleswig-Holsteins

Quert man die B 208, führt ein Wanderweg nach Behlendorf. Die

Ausschilderung mit der Eichel gibt 3 km an. Der Behlendorfer Forst gleicht dem Bartelsbusch mit gewaltigen, z.T. schon sehr alten Bäumen und viel Unterwuchs in der Strauch- und Krautschicht. Lichtere und schattigere Abschnitte wechseln sich ab. Sölle rechts und links tragen zur Vielfalt bei.

An der Kreuzung geht es geradeaus. Mächtige Eichen wachsen hier abwechselnd mit Buchen. In einer Abteilung hat man einige Buchenaltbäume als Überhälter stehenlassen. Sie brechen den Wind und sorgen für ein wuchsförderndes Kleinklima am Boden. Aus ihren Bucheckern sind schon mehrere Meter hohe Jungbäume nachgewachsen. Diese Waldneugestaltung nennt man Naturverjüngung. Am Behlendorfer See ist es sehr sumpfig. Die Eschen haben Stelzwurzeln über der Erde ausgebildet. In den Buchten wachsen See- und Teichrosen. Der Weg folgt hier dem Ufer. Am Campingplatz geht es rechts zum Dorf. Man hat vor den ersten Häusern einen wunderschönen, weiten Blick auf die hügelige Jungmoränenlandschaft mit Kuhweiden und dem See im Hintergrund. 1991 wurde Behlendorf zum schönsten Dorf Schleswig-Holsteins gewählt. Ein stolzer Bronzehahn des Möllner Künstlers Karlheinz Goedtke steht auf dem Dorfplatz des gerade 800 Jahre alten Ortes. Die Bauernhäuser sind hervorragend restauriert. Sie haben vielfach Reetdächer. Die Feldsteinkirche mit einschiffigem Langhaus stammt schon aus dem 13. Jahrhundert. Viele Fenster sind mit Wappenglasmalerei (von 1603) verziert. Der Weg führt am Dorfausgang (Richtung Hollenbek) hinter den drei Reet-

dachhäusern in den Wald zurück.

8b Fahrradrundweg: Bartelsbusch – Behlendorf – Berkenthin

8a und 8b lassen sich zu einem Fahrradrundweg von ca. 14 km ausdehnen. Vom Parkplatz an der B 208 geht es zuerst nach Behlendorf (s. 8a), von dort über Hollenbek nach Berkenthin. Ein kurzer Abstecher führt in den reizvoll gelegenen Ort am Elbe-Lübeck-Kanal. Schon im Mittelalter lag Berkenthin an einem Kanal, dem Stecknitz-Delvenau-Kanal von 1398, auf dem vorwiegend Salz von Lüneburg nach Lübeck transportiert wurde (s. Kulturgeschichte). Auf dem Friedhof an der Kirche aus dem 13. Jh. findet man runde Steine der Stecknitzfahrer mit den typischen Zeichen der Zunft, zwei gekreuzten Werkzeugen, einem Stab zum Staken und einem zum Heranziehen ans Ufer (»Enterhaken«). Die Wände der Kirche sind mit figürlichen und ornamentalen, mittelalterlichen Malereien verziert. Besondere Stücke der Ausstattung sind ein Kruzifix aus dem 14. Jahrhundert, barockes Gestühl um 1600 und der Altar von 1686. Eine der sieben Schleusen des Elbe-Lübeck-Kanals liegt in Berkenthin.

Am östlichen Ortseingang geht es links in den asphaltierten »Disnacker Weg«, der als Sandweg in den Bartelsbusch führt. Gleich am Anfang des Waldes folgt man der Gabelung nach rechts etwa 1 km geradeaus und dann wieder rechts zum Parkplatz zurück. Auf der LN-Wanderkarte ist dieser Weg mit einer Schnecke markiert.

Mölln und seine schöne Umgebung

Tour 9
Mölln – die Stadt Till Eulenspiegels

Das Wandergebiet um Mölln schließt nach Süden an das zuvor beschriebene Ratzeburger Wandergebiet an. Die Touren ranken sich von Mölln ausgehend zum einen um die Seenkette, die sich vom Möllner Stadtsee über den Schul- und Hegesee weiter zum Schmalsee, Lüttauer See, Drüsensee und Gudower See ausdehnt. Zum anderen verlaufen sie im Bereich des Elbe-Lübeck-Kanals in den landschaftlich und biologisch interessanten Hanglagen.

Wer wußte noch, daß Mölln die Stadt Till Eulenspiegels ist, in der er aufrecht im Grab stehend beigesetzt wurde? Wer wußte, daß hier Turnvater Jahn gegen Napoleons Truppen gekämpft hat? Wer kennt das romantische Hellbachtal (s. Tour 12)? Vom Aussichtsturm Klüschenberg (s. Tour 10) hat man den besten Ausblick auf die seen- und waldreiche Umgebung Möllns und dieses Wandergebiet. Wer aber die Kennenlern-Tour mit dem Rad quer durch das Wandergebiet auf der Route der alten Salzstraße nicht absolvieren konnte oder wollte, fährt oder wandert hier mit Tour 15 auf dem repräsentativsten Teilstück der via regia, der Straße unserer Vorfahren.

Anfahrt
Bahn Strecke Lüneburg – Lübeck
Bus Linienbus von Lübeck, Hamburg
Pkw über die B 207 Schwarzenbek – Lübeck weiter zum P am Kurpark
Wanderstrecke und Profil
ca. 2 km bei nur geringen Höhenunterschieden
Rast Bänke im Kurpark und am Marktplatz
Einkehr diverse Gaststätten und Restaurants in der Stadt

Mölln, im Zentrum des Naturparks Lauenburgische Seen gelegen, ist die Stadt Till Eulenspiegels, der 1350 hier gestorben ist. Es hat ihn also wirklich gegeben, diesen sagenhaften Schalk, der im Tode die Stadt »steinreich« machen wollte, damit er ein würdiges Begräbnis bekam. Es waren allerdings nicht die Steine in seiner Truhe, die zum Reichtum der Stadt beitrugen, mehr ihre zentrale Lage am Stecknitz-Delvenau-Kanal und den Frachtwegen, auf denen das »weiße Gold«, das Salz aus Lüneburg, transportiert wurde.

1. Nach einem kurzen Weg durch Möllns gepflegten Kurpark, direkt am ehemaligen Wassergraben der Stadtbefestigung gelegen, kommt man an den Parkausgang am Mühlenteich. Die Ausschilderung zeigt Richtung Voßberg und führt links auf den Mühlenplatz.

2. Die Bedeutung der Getreidemühle für das mittelalterliche Mölln zeigt das Mühlenrad im Stadtwappen.

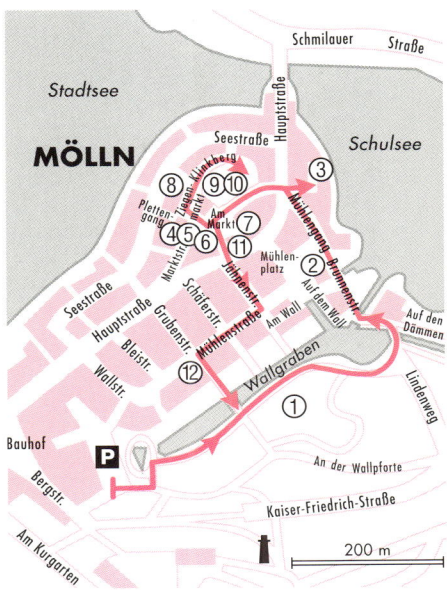

In der schon 1278 erwähnten Mühle wurde nicht nur das Mehl für das tägliche Brot gemahlen, sondern auch das Malz für die Brauereien, denn Bier war im Mittelalter ein alltägliches Getränk. Um 1700 gab es etwa 300 wahlberechtigte Bürger (= Männer) in Mölln, aber auch 50 bis 60 Brauereien. Die Hälfte aller Stadteinnahmen kam aus dem Mühlenbetrieb und den Brauereien.

3. Ein paar Schritte weiter rechts liegt das Ensemble des Stadthauptmannshofs, ein Herrenhaus, denn Schloß oder Burg gab es nie in Mölln. Hier residierte der Stadthauptmann von Lübeck (-> Kulturgeschichte). In einem der Häuser befindet sich die Dauerausstellung des Bildhauers Karlheinz Goedtke. Viele seiner Werke sind in den Dörfern und Städten des Kreises zu sehen.

4. Die Straße »Am Markt« führt auf den gepflasterten Marktplatz, der abendlich angeleuchtet den Zauber des mittelalterlichen Zentrums vermittelt. Hier sitzt Till Eulenspiegel verschmitzt lächelnd am Brunnen. Sein glänzender Daumen und die Sohlen verraten, daß er oft angefaßt wird, ein heimlicher Wunsch dabei wird immer erfüllt – wenn er nicht zu groß ist, berichtet die Sage. Wird er aber nicht erfüllt, dann war er eben zu groß!

5. Die alte Ratsapotheke, die Till Eulenspiegel schon 1350 besucht haben soll, liegt genau gegenüber. Ob es noch dieselbe ist? Der Arzt Samuel Hahnemann begründete hier jedenfalls 1796 die Homöopathie.

6. Einen Besuch lohnt auch das neueröffnete Eulenspiegelmuseum »Am Markt« Nr. 2. Dieses 1582 gebaute

59

Bürgerhaus beherbergte über die Jahrhunderte auch Möllner Handwerker. Weitere historische Bürgerhäuser im Fachwerkstil geben dem Marktplatz das besondere Flair.

7. Im historischen Rathaus, heute Museum, steht ein Modell, das die Stadt im Jahre 1750 mit Stadtmauern und -türmen zeigt. Durch die künstlich angelegten Wassergräben war Mölln fast eine Insel und gut zu verteidigen. Außer den Wallgräben am Kurpark ist davon nichts mehr erhalten.

8. Nach rechts geht es zum im Mittelalter anrüchigen Ziegenmarkt. Heute würde man das Gebiet als »Rotlichtviertel« bezeichnen. Hier konnte sich zu später Stunde kein »anständiger« Möllner sehen lassen. Auch

eine Straße für leichte Mädchen, den Petersiliengang, gab es hier, den die Stecknitzfahrer nach anstrengender Reise auf dem Kanal sicher gerne aufsuchten.

9. Eine steile Treppe führt auf den Kirchenberg zur St. Nikolaikirche und dem früheren Friedhof hinauf. Links neben dem Portal steht Till Eulenspiegels Grabstein. Nachdem das Original entwendet worden war, hatte man die Rückseite eines Mariensteins aus der Feldmark als Gedenkstein behauen. Unter der Eulenspiegellinde – diese ist als nachgepflanzter Baum erst 130 Jahre alt – ruht der Narr aufrecht in seinem Grab.

10. Die spätromanische St. Nikolaikirche auf dem Eichberg ist das älteste

Gebäude der Stadt, eine Basilika. Wie alle Kirchen liegt sie in West-Ostlage, das bedeutet: von der Dunkelheit zum Licht. Schon 1217 wurde hier eine Kirchensynode abgehalten, also muß eine Kirche vorhanden gewesen sein. Urkundlich erwähnt wird sie 1230. Nach mehreren Umbauten und Erweiterungen hatte sie um 1500 das Aussehen wie heute. Die Bemalungen sind teilweise aus dem 13. Jahrhundert, eine Bilderbibel, denn lesen konnte kaum einer. Zwei Hauptfiguren werden dargestellt: Nikolaus der Schutzpatron der Kaufleute, Seefahrer und Schiffer vor einer Hansekogge und Jakobus, Schutzpatron der Reisenden und Pilger, beide wichtig für die Handel treibende Stadt (s. Kulturgeschichte). Die vielen alten und wertvollen Schätze zeigt der Küster bei seinen Führungen. Besonders erwähnenswert – weil einzigartig – sind mehrere schwarze Tafeln am Portal. Hier werden beidseitig die Anzahl der Abendmahlsgäste verzeichnet, von 1575 bis heute. Die Zahl hat sich kaum geändert! (Leider hat niemand die Einwohnerzahl danebengeschrieben.) Nach dem Rundblick auf Möllns rote Dächer, Wälder und Seen geht es zum Marktplatz zurück.

11. In der Museumsstraße steht das älteste Fachwerkhaus Schleswig-Holsteins von 1409. Gegenüber war der Fleischschrangen, ein Verkaufsstand der mittelalterlichen Fleischerzunft, die aus hygienischen Gründen nicht vom eigenen Hof aus verkaufen durften. Nach Querung der Hauptstraße gelangt man durch die Jähnenstraße rechts in die Mühlenstraße.

12. Das Haus Nr. 9 erlangte 1992 traurige Berühmtheit durch die Brandstiftung von Rechtsradikalen, bei der drei türkische Mitbürgerinnen verbrannten. Am Haus vorbei führt der Weg über eine Brücke in den Kurpark zurück.

Kulturgeschichte

Mölln wird 1188 als Stagnum Mulne (trübes Gewässer) zum ersten Mal erwähnt. Der Name ist slawischen Ursprungs und hat nichts mit einer Mühle zu tun, wie das Mühlrad im Wappen vielleicht vermuten ließe. Schon 1202 erhielt Mölln Stadtrecht und kam bis 1227 unter dänische Fremdherrschaft (Schlacht bei Bornhöved). Neue Stadtherren wurden die Herzöge von Sachsen–Lauenburg, die aber immer in Geldschwierigkeiten waren. So übernahmen die Lübecker die Pfandherrschaft über diese strategisch und für die Handelsbeziehungen nach Nord und Süd, Ost und West so günstig gelegene Stadt. Die 324 Jahre dauernde »Fremdherrschaft« brachte Mölln die Hauptblütezeit mit dem Ausbau des Handels und Wiederaufbau nach zwei großen Bränden. Unter dem Stadthauptmann von Lübeck durften die Bürger sich in einem eigenen Magistrat sogar selbst verwalten. Nach der Rückgabe an das in Lauenburg ansässige Herzogengeschlecht der Askanier begann eine wechselvolle Geschichte. Nach dem Tod des letzten Askaniers (1689) kam Mölln über Celle an Hannover, damit wurden die Möllner britische Untertanen. Zu Beginn des 19. Jh. herrschten 10 Jahre

die Franzosen, Mölln war Grenzstadt, hohe Abgaben und Steuern stürzten die Bürger in Armut, die Feldbäckerei (s. Tour 10) war zuständig für das Brot der ganzen Truppe.

1815 wehten preußische Fahnen in der Stadt, die aber schon ein Jahr später von dänischen abgelöst wurden. Kurze Zeit hatte auch die Donaumonarchie ein Wörtchen mitzureden. Erst 1871 wurde Mölln unter Bismarck eine Stadt in Deutschland.

Mölln lag am Schnittpunkt vieler mittelalterlicher Handels- und Heerwege wie den beiden Frachtwegen der »Alten Salzstraße« in Nord-Süd-richtung oder dem Heerweg nach Schwerin und dem »Landweck to Molne« von Zarrentin in Ost-Westrichtung. Diese Wege zu sichern und die Fracht vor Raubrittern zu schützen, war Ziel der Lübecker Handels- und Territorialpolitik; daher die lange andauernde und von Lübeck geförderte Pfandherrschaft.

Der von 1391 bis 1398 gebaute Stecknitz-Delvenau-Kanal als »nasse Salzstraße« und erster Wasserscheidenkanal Nordeuropas wurde von Lübeck finanziert und beherrscht. Schon im Mittelalter war das Medizinwesen gut ausgebaut, brauchte man doch Quarantänestationen für Pest- und Leprakranke. Ein solches Haus, das St. Jürgen Hospital, lag im Süden vor den Stadttoren und ist schon 1289 erwähnt. Das Heiligen Geist Hospital lag innerhalb der Stadtmauern. Es war auch Armen- und Siechenhaus und hatte eine Badestube für Bedürftige, die hier an besonderen Tagen dreimal im Jahr baden durften. Till Eulenspiegel starb hier 1350.

Tour 10
Rundwanderung
Wildpark, Schmalsee
und Pinnautal

Anfahrt s. Tour 9
Ausgangspunkt
    Mölln Kurpark
Wanderstrecke und Profil
    ca. 8 km/2 Stunden,
Höhenunterschiede ca. 20 m
Orientierung s Karte S. 63 u.
Wegemarkierung
    Halbmond, fliegender Vogel,
    X = Europawanderweg an den Seen
Rast Lüttauer See, Badestelle, außerdem
    viele Bänke am Wegrand
Einkehr Gaststätten in Mölln

In dem kleinen, aber feinen Möllner Kurpark im Zentrum der Stadt kann man neben Bäumen und Blumen auch die Ruhe nach einem ausgedehnten Stadtbummel genießen. Kurz hinter dem Eingang führen rechts mehrere Holzstufen zum 36 m hohen Klüschenberg hinauf. Vom Aussichtsturm, dem alten Wasserturm der Stadt, hat man einen wunderbaren Ausblick auf Mölln, seine umliegenden Seen und die vielfältige, waldreiche Umgebung. Man muß allerdings erst einmal die 186 Stufen des 1913 erbauten Gebäudes bestiegen haben. Hinter dem Turm führt ein Sandweg links in den »Verlobungsweg« (wie ihn der Volksmund nennt), einen verschwiegenen Stieg zwischen Villen und Vorgärten, Teil des folgenden Birkenwegs, der direkt zum Haupteingang des Wildparks führt. Ein Umweg über die Hermannsquelle ist kurz vorher

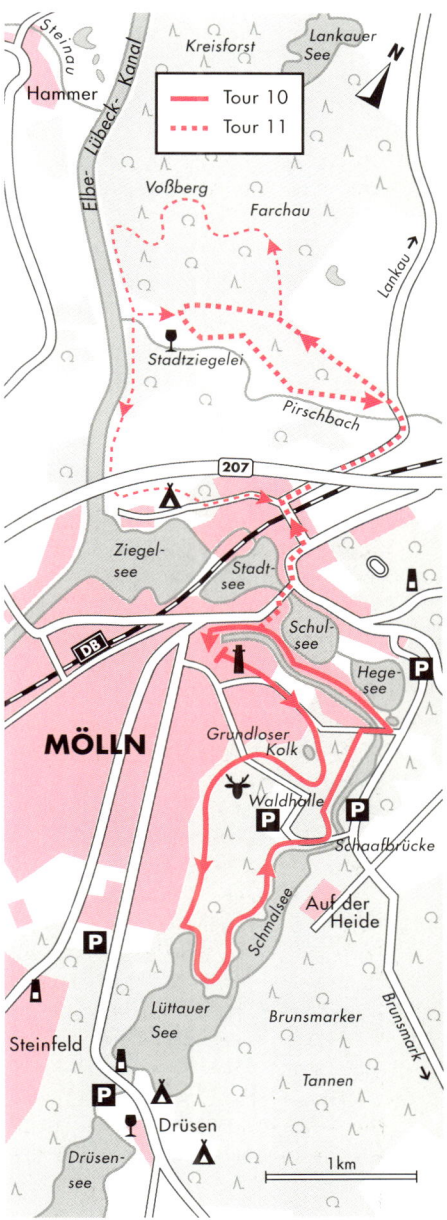

möglich. Hier gab es früher eine Heilquelle. Das Wasser wurde auch zum Brauen von Möllner Bieren benutzt. In der Feldbäckerei nebenan haben die Franzosen bei der Belagerung 1813 ihr Brot backen lassen. Wenn man die Wegetafeln im 24 ha großen Wildpark beachtet, kann man sich nicht verlaufen und alle Sehenswürdigkeiten wie den Grundlosen Kolk, die Franzosenschanze oder den neu angelegten Findlingsgarten entdecken (s. Kulturgeschichte, Erdgeschichte).

Nach einem ausführlichen Besuch ist der Ausgang Waldhallenweg (am Wildschweingehege vorbei) der günstigste für die weitere Wanderung. Nach Überquerung einer abgelegenen Straße gelangt man halblinks in das langgestreckte Tal des Langen Moors, das ganz von einem Erlenbruch bewachsen ist. Das Niedermoor wird von dem kleinen Heiligen Bach durchflossen, der in einem Buchenhochwald im Lüttauer See endet. Hier schließt das Tal an die Mölln-Gudower Seenkette an (s. Tour 12). Früher war das Lange Moor ein Feuchtwiesengelände, das nach dem Krieg aufgeforstet wurde. Der Talraum

ist an seinen Hängen von einem pilzreichen Mischwald umgeben, das Moor selbst weist eine Vielfalt an seltenen Pflanzenarten auf, so daß eine Unterschutzstellung eingeleitet ist. Hinter der ersten Brücke über den Heiligen Bach liegt eine Bienenversuchsstation, die der bundesweit bekannte Bienen- und Ameisenvater Heinz Ruppertshofen eingerichtet hat. Man muß dem Wanderweg aber weiter geradeaus folgen, an einem Baumzwilling, der aus Fichte und Buche zusammengewachsen scheint, vorbei zur zweiten Brücke kurz vor dem Lüttauer See. Die uralte stattliche, durch Blitzschlag gezeichnete Taufeiche steht am Nordufer des Lüttauer Sees. Hier am Heiligen Bach wurden der Sage nach die ersten Möllner Christen getauft.

Ein Schild mit fliegendem Vogel weist in Richtung Schmalsee mit der Badestelle Rolandseck (naturbelassene Kneippsche Tret- und Watestelle). Da diese Badestelle nur zu Fuß oder mit dem Fahrrad zu erreichen ist, kann man hier auch in heißen Sommern ein ruhiges Plätzchen finden.

Der Talweg links geht am Westufer des Schmalsees entlang, ein Geheimtip: trotz Stadtnähe ein ruhiger Waldsee mit Teich- und Seerosen. Viele Haubentaucher füttern hier im Sommer ihre Jungen, man kann sie von den Bänken unter den weit herunterhängenden Ästen der Uferbäume aus gut beobachten. Das X an den Bäumen (Europa-Wanderweg) hilft, den richtigen Weg zu finden.

Am Seeende lädt die Waldhalle zu einer Rast, oder man folgt dem Schild »Altstadt 2 km« mit Vogel und Halb-mond. Nach einer Straßenquerung (Waldhallenweg) gelangt man halblinks am Fußgängerschild ins Pinnautal. Dieses Flüßchen wurde umgeleitet, um früher als Mühlenbach die Räder der Möllner Getreidemühle anzutreiben. Der Talraum zeigt eine reizvolle Mischung aus Birken-Erlen-Bruch, Wiesen und Seen. Am »Forsthaus« quert eine kleine Brücke die Pinnau (Mühlenbach), links gelangt man Auf den Dämmen zur Möllner Altstadt zurück. Vor dem Mühlenbachstau führt eine Holzbrücke direkt in den Kurpark. Am Eingang hat man einen besonders schönen Blick über das seerosenbewachsene Wasser auf die St. Nikolai Kirche.

Tip: die Wanderung eignet sich besonders gut für einen sehr warmen Sommertag, da der gesamte Weg durch Möllns Stadtforsten führt und fast überall beschattet ist.

Kulturgeschichte

Die Findlingssetzung auf der Franzosenschanze in der Nordostecke des Möllner Wildparks steht als Gedenkstätte zur Erinnerung an den lauenburgischen Freiheitsdrang gegen die napoleonische Fremdherrschaft. Im Befreiungskrieg 1813 befand sich auf dieser natürlichen Erhebung eine französische Verteidigungsstellung. Sie war Teil einer Verteidigungslinie von Lauenburg bis zur Ostsee, die fast nur durch Seen und Wasserläufe gesichert war. Nur zwischen Mölln und Ratzeburg gab es diesen Schutz nicht, so daß künstliche Verteidigungswerke auf Höhen gebaut werden mußten. Im nationalen Befreiungskrieg kämpften das Lützower Freicorps und die Hanseatische Legion gegen die Franzosen, konnten hier aber keinen Sieg erringen. Zu Ehren eines berühmten Mitstreiters, des Turnvaters Jahn, wurde ein Stein am Südufer des Lüttauer Sees aufgestellt.

Erdgeschichte

Eingeschlossen von den hohen Bäumen im Möllner Wildpark liegt der Grundlose Kolk, ein Übergangsmoor mit Seggen – und Röhrichträndern, Torfmoosbülten und einer kleinen, offenen Wasserfläche, ein Relikt der letzten Eiszeit. Vor ca. 11 000 Jahren, als die Gletscher schon abgeschmolzen waren, taute in einer Geländehohlform ein zurückgebliebener Toteisblock und ließ einen kleinen See zurück. Bedingt durch den sandigen Untergrund und den am Boden abgelagerten Humuseintrag von Laub- und Holzresten, war dieser See nährstoffarm, aber huminsäurereich. Der Grundlose Kolk veranschaulicht besonders gut die Verlandung eines nährstoffarmen Sees. Eine Hauptattraktion im Wildpark ist der Findlingsgarten mit großen unterschiedlichen Gesteinen. Der zweitgrößte Stein (ca. 48 t) der Gegend steht hier (der größte als »Kunst am Bau« vor der Schule in Müssen). Am Kiosk gibt es ein Heftchen, in dem anhand der Nummern an den Steinen erklärt wird, wie alt sie sind, aus welchen Gebieten Skandinaviens oder Untergrund der Ostsee sie stammen, ob sie selten sind und vielleicht sogar etwas Besonderes darstellen.

Pflanzenwelt

Auf den torfmoosbewachsenen Bülten und den tiefergelegenen Schlenken des Grundlosen Kolks wachsen Pflanzen, die sich an die extremen Standortbedingungen angepaßt haben. Scheidiges und Schmalblättriges Wollgras findet man neben Fieberklee und Sumpfblutauge. Die letzten Büschel des seltenen Sumpfporst ragen direkt neben der Brücke aus den Torfmoospolstern heraus. Anfang Juni erscheinen die Rosetten des Rundblättrigen Sonnentaus. Diese »fleischfressende« Pflanze gleicht den Stickstoffmangel des Moorbodens durch den Fang von Insekten aus.

Tierleben

Der Möllner Wildpark, das bedeutet bewaldete Hänge, ein kleiner, mooriger See mit schwankenden, seggenbewachsenen Rändern – ein Stück heile Natur direkt an der Stadt. Eingebunden in die vielfältige Landschaft mit unterschiedlichsten Geländeformen auf nur 24 ha Fläche, liegen hier und da die großzügigen Gehege mit den heimischen Tieren: Wildschweine mit Frischlingen, brütende Uhus und andere Nachtgreife, sogar ein paar Fasane, Rebhühner und Haushühner für natur- und landwirtschaftsentwöhnte Städter. Fische, Muscheln und Schnecken gibt es in einem großen Aquarium und auch eine Auffangstation für verletzte Tiere. Beim Spaziergang kann man dem Damwild Auge in Auge gegenüberstehen, denn die Hälfte des Geländes ist Freilaufgehege für diese Tierart. Auf zwei Rundwegen lassen sich alle Stationen erreichen. Statt üblicher Wegweiser befinden sich die Wegemarkierungen auf großen Findlingen am Wegrand. Bis hierher wäre es ein besonders gelungener, aber schon von anderen Orten her gewohnter Park, wären da nicht der Grundlose Kolk und ein interessanter »Steingarten« aus Findlingen der Umgebung (s. Erdgeschichte).

Tour 11 (Karte Tour 10)
Ins Pirschbachtal und zum Voßberg

Anfahrt s. Tour 9
Ausgangspunkt
   Mölln Bauhof
Wanderstrecke und Profil
   ca. 7 km/2 Std., bei geringen
   Höhenunterschieden
Orientierung s. Karte S. 63 o.
Wegmarkierung
   ein Frosch
Rast am südlichen Talweg
Einkehr unterwegs nicht möglich

Das Pirschbachtal ist ein Naherholungsgebiet der Stadt Mölln mit gut ausgebauten Wegen und auch ohne PKW gut zu erreichen. In Mölln Nord geht es Richtung Jugendherberge den Lankauer Weg entlang bis zur kleinen Brücke über den Bach. Links bei den alten Kopfweiden beginnt der eigentliche Rundweg, der auf der Wanderkarte mit einem Frosch gekennzeichnet und auch sonst gut ausgeschildert ist. Gleich am Anfang muß man sich entscheiden, ob man rechts zum Voßberg hinauf in den Wald gehen möchte oder dem Talweg folgen will. An einem Hang im Wald, an dem früher Kies abgebaut wurde, entdeckt man in der Höhe die Brutröhre des Eisvogels. Mit etwas Glück sieht man den blitzenden Edelstein über dem Pirschbach jagen, denn er versorgt seine Jungen mit kleinen Fischen. Im schattigen Mischwald wachsen stattliche Eichen und Buchen, denen der nahrhafte Moränenmergel zusagt. Kleine Feuchtgebiete mit Sauergrä-

sern und Moosen unterbrechen den Bestand. In der mächtigen Storcheiche hat früher der Schwarzstorch gebrütet, ein seltener Waldvogel, der aus den Siedlungsräumen des Menschen flieht. Folgt man dem Talweg, hat man immer wieder Ausblicke auf den Bachlauf, der sich durch die extensiv genutzten Wiesen windet. Das Wasser selbst ist selten zu sehen, da der Bach tief eingesenkt zwischen Hochstaudenrieden und Erlen fließt. Am Ende des Tals vor der Brücke ist das Gelände abgesenkt. Hier lag der Knakendiek, ein Stausee für das Tuchmachergewerbe im späten Mittelalter. Das gestaute Wasser trieb ein Wasserrad mit einer Übersetzung für die Walkhämmer. Hinter der Brücke bei der Alten Ziegelei erreicht man den Elbe-Lübeck-Kanal. Hier wurden noch in diesem Jahrhundert Ziegel für den Hausbau gebrannt, und noch heute findet man Ziegelbruch am Berg.

Als Rückweg bietet sich sowohl der südliche Talweg am Walkmöllerholz (schattig im Sommer) wie auch der mit einem fliegenden Vogel gekennzeichnete Kanalweg zum Ziegelsee an. Auf beiden Wegen gelangt man auf dem Lankauer Weg zurück nach Mölln.

Kulturgeschichte
Wie jede Stadt des Mittelalters hatte Mölln eine eigene Ziegelei zur Herstellung von Backsteinen und Dachziegeln. Die erste Ziegelei lag nahe der Stecknitz am Ziegelholz. Der Name Ziegelsee geht auf diesen Betrieb zurück. Durch Mangel an Lehm wurde die Ziegelei ins Pirschbachtal verlegt und auf den Fundamentsteinen der alten 1834 abgebrochenen Walkmühle neu aufgebaut. Schon 1906 wurde die

Ziegelei endgültig geschlossen. Die Besitzer erhielten aber eine Schankkonzession und konnten die »Alte Ziegelei« bis Mitte der achtziger Jahre als gemütliches Kaffeelokal erhalten.

Erdgeschichte

Das Pirschbachtal ist als weichseleiszeitliche Schmelzwasserrinne ein Verbindungstal zwischen dem Stecknitz-Delvenautal im Westen und dem Einhaus-Fredeburger-Trockental südlich des Ratzeburger Sees. Im Norden ist das Tal von mehreren Bergrücken, den Lankauer Höhen mit dem Voßberg, begrenzt. Diese sind aufgetauchte Endmoränen und durch Eisrandlagen entstanden.

Pflanzenwelt

Durch die ausgeprägte Ost-West-Lage und Verbindung zu südlichen Tälern konnten wärmeliebende Pflanzen einwandern wie das Nickende Leinkraut auf dem Trockenrasenstreifen am nördlichen Talhang. Immer mehr Wiesen werden hier extensiv beweidet, so daß sich in einigen Teilen Kohldistelwiesen mit den typischen Stauden angesiedelt haben. Zum Kanal hin erstreckt sich eine Hochstaudenflur mit Wiesenraute und Blutweiderich. Am Wegrand wachsen Waldkarden, die von Heimatgeschichtlern als Relikte des Tuchmachergewerbes der alten Walk-

mühle aus dem 14. Jahrhundert angesehen werden. Sicher war diese Kardenart dafür nicht geeignet.

Tierleben

In den Röhrichtzonen und Weidengebüschen am Kanal hört man im Frühling die Nachtigall und den Teichrohrsänger. Ein schnarrendes, heuschreckenähnliches Geräusch deutet auf den Schlagschwirl hin, einen bei uns sehr selten gewordenen Sänger der Sumpf- und Auwälder. Er hat hier sein westlichstes Verbreitungsgebiet.

Tour 12
Rundwanderung
durch das Hellbachtal

Anfahrt
Pkw von Mölln nach Lehmrade (Gudow),
    Ausschilderung
Wanderparkplatz
Wanderstrecke und Profil
    ca. 6 km/ 2 Stunden,
Höhenunterschied
    maximal 20 m
Orientierung
    s. Karte S. 67, Wegemarkierung
    Halbmond und X des Europa-
    wanderweges im Tal
Rast Bänke am Weg
Einkehr Gaststätte Brand, Drüsensee

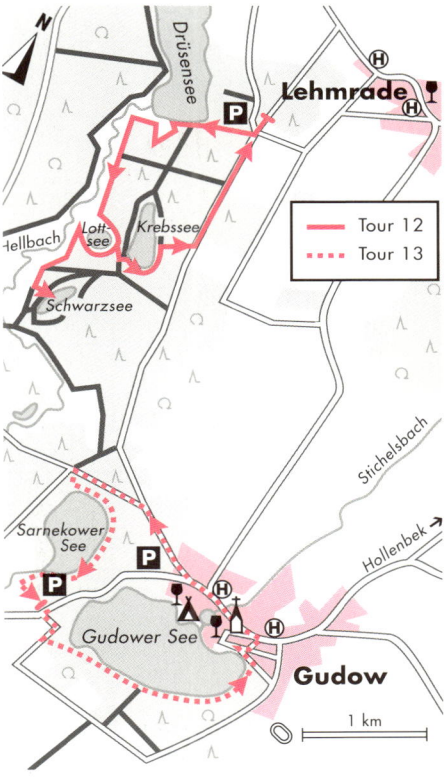

Ein Schmelzwasserstrom der letzten Eiszeit schuf den Talzug, zu dem man – dem Schild 'Rundweg' folgend – hinabsteigt. Am Hang sieht man in ca. 6 m Höhe mehrere 'Nistkästen' aufgehängt. Der schmale Schlitz am Boden verrät jedoch, daß sie nicht für die Vogelaufzucht geeignet sind, sondern Fledermäusen als Sommerquartier dienen. Unter stattlichen Fichten haben sich mehrere Ameisenhaufen angesiedelt.

Am Talgrund angekommen, blickt man rechts auf den Drüsensee mit der Bismarckinsel, links auf Seitenmoränenhänge der letzten Eiszeit. In einem großen Bogen umgeht man ein Verlandungsgebiet im Süden des Drüsensees. Hier gibt es immer wieder Wasservögel zu beobachten, auch so seltene Exemplare wie den in Baumhöhlen brütenden Gänsesäger, der im Frühjahr oft eine beachtliche Schar

von Jungen führt. Wo der Hellbach in den Drüsensee fließt, weitet sich ein Wiesental, das sogenannte Hellbachtal, das in großen Teilen aus der Bewirtschaftung herausgenommen ist und als Naturschutzgebiet vom WWF betreut wird.

Ein Abstecher nach rechts über eine kleine Brücke führt zu Adam und Eva, zwei eigenwillig miteinander verwachsenen Eichen. Jeder kann sich hier seinen eigenen Reim auf den Namen machen; aber folgen wir doch jetzt dem Hauptweg weiter. Umgeben von zum

Teil noch bewirtschafteten Wiesen, liegt klein und rundlich der Lottsee. Er hat eine starke Verlandungszone mit verschiedenen Seggen, Schilf und Sumpfiris. Im flachen Wasser wachsen Seerosen.

Der Waldweg führt gut ausgebaut nach Süden weiter. Während der kleine, kreisrunde Lottsee von Wiesen umgeben ist, liegt der düstere Schwarzsee mit seinem bräunlichen Moorwasser eingebettet in einen Kiefernwald. Nur ein schmaler Weg führt auf schwankendem Moorboden direkt an das Ufer. Man sieht keinen Grund, Drachenwurz und Seggen bilden einen gefährlichen Schwingrasenrand. In den Buchten wächst die seltenere Gelbe Teichrose oder Mummel. Dieser einsame Ort hinterläßt einen geheimnisvollen Eindruck.

Hier kann man gut umkehren, um dann am Lottsee rechts in den Hochwald einzubiegen. Nach kurzer Zeit erreicht man den Krebssee. Er ist auf allen Seiten von Wald umgeben und so klar, daß man vom Ufer bis auf den Grund sehen kann. In einem Quellhorizont, den man auf einer kleinen

Holzbrücke überquert, gibt es im Frühling seltene Frühblüher. Das klare Wasser des Sees und eine kleine Badebucht mit weißem Sand unter den alten Kiefern laden bei Sonnenschein und Wärme zu einem Bad ein. Niemand hat hier etwas gegen das Baden einzuwenden. Man sollte aber immer auf die Natur Rücksicht nehmen. Ein steiler Weg nahe der Badestelle führt auf den Frachtweg, einen Nebenweg der Alten Salzstraße (s. Einführung S. 12 ff). Von hier gelangt man zwischen Waldrand und Magerrasenflächen zum Ausgangspunkt der Wanderung zurück. Diese Wanderung ist auch als Teil einer Fahrradtour von Mölln geeignet, da alle Wege gut ausgebaut sind. Nur die zu überwindenden Hänge am Südufer des Drüsensees und am Krebssee setzen einige Kraftanstrengungen voraus.

Kulturgeschichte

Das Hellbachtal war als siedlungsfernes, von Möllner Bauern extensiv bewirtschaftetes Grünland bis in die sechziger Jahre nahezu unberührt. Die Wiesen wurden hauptsächlich zur Gewinnung von Streu für die Ställe genutzt. Durch Grundwasserabsenkung wurde die Grünlandwirtschaft intensiviert, andere Teile sogar aufgeforstet. So wurden einst großflächige Röhrichte und Großseggenriede auf wenige Reste zurückgedrängt. Heute versucht man, diese Entwicklung rückgängig zu machen. Mäander (Bachschleifen) werden wieder geöffnet, Wasser neu aufgestaut und gedüngte Einheitswiesen wieder vernäßt. Langsam können sich alte Strukturen regenerieren. Am Lottsee kann man diese Bemühungen sehr gut erkennen. Hier liegen typische, gedüngte Löwenzahnwiesen direkt neben den wiedererstandenen Großseggenrieden.

Erdgeschichte

Das Hellbachtal, Endstück der Mölln-Gudower-Seenkette, wurde durch die Schmelzwasserströme der letzten Eiszeit geschaffen. Es ist ein Seitental der großen Stecknitz-Delvenau Schmelzwasserrinne. Als sich im Zuge des Niedertauens die Gletscherfront immer weiter nach Norden verlegte, blieben große Eisblöcke liegen, wurden von Schmelzwassersanden überdeckt und lange Zeit vor dem Abtauen geschützt. Hohlformen, in denen heute Seen liegen, entstanden so einst im Verlauf von Jahrhunderten. Aber nicht alle Seen dieser Kette sind Toteisseen, das zeigt schon ihre langgestreckte Form oder Tiefe. Der große Drüsensee (nur 7,8 m tief) wurde als Rinnensee unter dem Gletscher ausgespült, der Krebssee (über 25 m tief) ist ein Strudelsee und durch vom Gletscher herabstürzendes Tauwasser entstanden. Aber nicht nur die Entstehungsgeschichte dieser Seen ist so unterschiedlich; eine ähnliche Vielfalt an Gewässertypen dürfte es auf so kleinem Raum auch sonst kaum geben. Da haben wir einmal den oligotrophen (nährstoffarmen), kalkreichen Krebssee mit einer geringen Ufervegetation und sehr klarem Wasser. Dieser Gewässertyp ist äußerst selten. Auch der Schwarzsee ist nährstoffarm, gehört aber mit seinem moorigen Wasser zu den dystrophen Braunwasserseen (huminsäurereich). Auch sein Vegetationsgürtel ist sehr schmal, und die Pflanzenzusammensetzung erinnert eher an einen Schwingrasen am Moorrand. Der Lottsee ist ein eutropher (nährstoffreicher) See mit einem breiten Verlandungsgürtel, der vom Rand aus langsam zuwächst. Vom Seerosengürtel über Röhricht und Großseggen bis zum Erlenbruch finden wir hier alle Übergangsformen einer charakteristischen Verlandung.

Pflanzenwelt

Die extensiv genutzten Wiesen werden einmal im Jahr mit der Hand gemäht, damit höhere Pflanzen wie Brennesseln und Disteln nicht niedrigere Arten überwuchern und mit ihren absterbenden Pflanzenteilen zudecken. Diese Maßnahme hat schon zur Vermehrung einiger seltener Feuchtwiesenpflanzen beigetragen, wie z. B. des Breitblättrigen Knabenkrautes und der Sumpfdotterblume. Einige Bachschleifen wurden renaturiert und mit Weiden bepflanzt, die einmal Kopfweiden werden sollen. Wenn im Sommer Orchideen und Wiesenschaumkraut ausgeblüht haben, findet man an ihrer Stelle Gilbweiderich, Blutweiderich und sehr schöne Exemplare der Sumpfkratzdistel.

Tierleben s. Einführung

Tour 13 (Karte Tour 12)
Perlen im Naturpark: Gudower und Sarnekower See

Anfahrt
Pkw **Landstraße Büchen – Gudow zum P**
südlich zwischen dem Gudower und
dem Sarnekower See (links)
Wanderstrecke und Profil
      6 km/2 Std. bei nur geringen
      Höhenunterschieden
Orientierung
      gute Wegemarkierung am Sarne-
      kower See; Wanderkarte: Ente
Rast **Bänke am Sarnekower See**
Einkehr Gaststätten in Gudow

Große Wälder mit stattlichen Bäumen: Eichen, Fichten, Kiefern und Buchen findet man hier im südwestlichen Waldgürtel des Naturparks Lauenburgische Seen. Der Gudower und der Sarnekower See bilden das Ende der Mölln-Gudower Seenkette und leiten über zu den offenen oder mit Kiefern bewachsenen ebenen Sanderflächen des Südkreises.

Der große südliche Parkplatz an den Seen liegt von Büchen aus links am Waldrand, tief eingesenkt im Gelände, gut eingefügt in die nur leicht hügelige Landschaft. Nach Querung der Straße geht es rechts etwa 100 m einen asphaltierten Weg am Feldrand entlang bis zu einer Eisensperre. Gleich dahinter an der Gabelung führt ein schmaler Weg rechts in den Wald. Der Gudower See schimmert schon durch die Bäume. Die Bewirtschaftung des Mischwaldes ist naturnah, man findet viele abgestorbene Bäume

mit Spechtlöchern und Pilzbewuchs und feuchte Erlenbrüche hier und da zwischen den höher gelegenen Standorten. Der Weg führt rechts am See entlang auf eine Eichenallee mit 500-jährigen Eichen zu. Die mächtigen Bäume lassen sich nur von 3 – 4 Menschen umspannen und sind z. T. hohl oder haben abgestorbene Äste. Betreten der Allee auf eigenes Risiko! Eine sehr seltene Käferart, der Eremit, lebt im Mulm der hohlen Bäume.

Der Weg führt links über eine Brücke auf Herrenhaus und Park von Gudow zu. Der Hauptweg ist bald gesperrt; Besucher müssen rechts durch eine Rhododendronanlage den Gutsbereich verlassen. Die linke Lindenallee geht auf ein schmales Haus mit vielen Erkern zu, früher Hospital und Armenstift des Ortes. Links am Springbrunnen biegt man in einen Kopfsteinpflasterweg zwischen Park und Friedhofsmauer ab. Die Feldsteinkirche von Gudow gehört zu den ältesten in Norddeutschland (s. Kulturgeschichte). Über den Friedhof gelangt man zur Hauptstraße, der man links folgt. Die Pfarrscheune, ein gerade fertig restauriertes Fachwerkhaus aus dem Jahr 1825, wurde wieder für Dorffeste und andere Veranstaltungen zum Leben erweckt.

Leider kann man nur im Winter direkt am Gudower See entlanggehen, im Sommer ist der Weg wegen des Campingplatzbetriebs geschlossen. Wer nicht an der Hauptstraße gehen will, kann ein Stück weit die Parallelstraße »Am Segelhafen« benutzen. Am Landgasthof Gudow (Hotel und Restaurant) vorbei geht es geradeaus in den »Mühlenweg«, die Gudower

Mühle ist ausgeschildert. An der Gabelung führt der linke Weg weiter zum Sarnekower See, hier muß man noch einmal links abbiegen. Vor der verlandeten Bucht geht es am östlichen Seeufer zurück. Beim Bootshaus muß man den mittleren Weg wählen. Er führt zwischen Wald und Hellbachtal am Ende durch eine alte Kiefermonokultur zum Parkplatz zurück.

Kulturgeschichte

Die Gudower Marienkirche, eine Feldsteinkirche, wurde um 1160 erbaut. Der älteste Teil ist der Altarraum. Der Bau mit den rundbogigen Fenstern und Portalen entspricht dem romanischen Stil um die Mitte des 12. Jh.

und ist dem Grundriß mehrerer Kirchen, die unter dem Bischof Vizelin (1149 bis 1154) erbaut wurden, ähnlich. Es gibt verschiedene Hinweise, daß auch der Turm früher aus Feldsteinen aufgemauert war. Der neuere Holzturm stammt aus dem 17. Jh. Schon 1194 muß Gudow ein Bauerndorf mit einer Kirche gewesen sein. Es gibt eine Urkunde über Abgabenleistungen der Dörfer aus diesem Jahr, in der das Kirchspiel als »parochia Godowe« erwähnt wird.

Frau Palis (im Haus gegenüber dem Pastorat) schließt gerne die alte Kirche auf, um die Schätze im Innern zu zeigen und Auskunft zu geben. Der

große, barocke, herunterziehbare Tauf-engel wurde 1635 für die Gudower Kirche angefertigt. Der geschnitzte Altar von 1410 stammt aus dem Kloster Lüne bei Lüneburg (s. Tour 1). Auch die Madonna auf dem Vollmond am Taufbecken aus gotländischem Mar-mor ist sehenswert. Die Gutsloge aus dem 17. Jh. ist für die Grafen von Bülow reserviert, die durch eine kleine Eisen-pforte direkt vom Herrenhaus auf den Kirchhof gelangen. Das Herrenhaus der Grafen von Bülow in Gudow wur-de 1826 von dem bekannten Bau-meister Joseph Christian Lilie in klassi-zistischem Stil erbaut. Wie die groß-flächige, gepflegte Parkanlage ist das Herrenhaus mit den Torhäusern nur von außen zu besichtigen. Die uralte Eichenallee im Süden führt nach Se-grahn. Einige Konzerte des Schleswig-Holstein Musikfestivals finden hier seit 1993 statt.

Erdgeschichte

Der Sarnekower und der Gudower See sind das Ende der Mölln-Gudo-wer-Seenrinne, ein Seitental der Haupt-schmelzwasserrinne von Stecknitz und Delvenau. Große Teile des Talzuges waren mit Toteis gefüllt und wurden beim Schmelzen des Gletschereises übersandet. Daher liegen einige San-derflächen höher als die Oberfläche der Seen. Man nimmt an, daß beide Seen geologisch unterschiedlich ent-standen sind. Der 18,5 m tiefe Sarne-kower See wurde wohl durch von der Gletscheroberfläche herabstürzende Schmelzwässer ausgekolkt (Strudel-see). Der nur 10 m tiefe Gudower See wird als Toteissee angenommen mit folgender Entstehungsgeschichte: Als der Eisrand im Raum Segrahn-Mölln

lag, befand sich bei der jetzigen Gu-dower Mühle ein Gletschertor, durch das die Hellbachtal-Senke nach Süden entwässerte. Sommerliches Schmelz-wasser füllte eine ausgespülte Einsen-kung, das beim erneuten Vorrücken des Eises gefror und unter Sanden lange Zeit konserviert wurde. Bei spä-terer Erwärmung taute das Eis auf, der bedeckende Sand stürzte ein, die alte Hohlform trat zutage und füllte sich mit Wasser.

Pflanzenwelt und Tierleben

Der breite Verlandungsstreifen des Sarnekower Sees mit Schilf, Schwert-lilien und anderen Sumpf- und Was-serpflanzen zeigt, daß dieser kleinere See sehr nährstoffreich (eutroph) ist. Es gibt hier viele Fische und Wasser-vögel. Ab und zu fischen hier Kor-morane aus den nordöstlich gelege-nen Brutkolonien, oder Graureiher stehen still im Flachgewässer, um nach Beute zu stoßen.

Tour 14
Mit dem Fahrrad rund um den Elbe-Lübeck-Kanal

Anfahrt zur Fähre Siebeneichen
Bahn Bhf Büchen (dann per Fahrrad am Kanal entlang nach Siebeneichen)
Pkw Kreisstraße Büchen–Mölln zum P der Fähre am Kanal
Fahrstrecke und Profil
ca. 20 km/2 Std. bei nur geringen Höhenunterschieden
Orientierung
Wegtafeln mit Ausschilderung d. Orte
Wegzeichen
Eichel, Posthorn, Halbmond, Feder
Rast Delvenauhänge, Heidehänge bei Göttin
Einkehr Gaststätten in Güster, Roseburg und Siebeneichen

Dieses ist eine abwechslungsreiche Tour durch die Kanalniederung und auf den heidebewachsenen Talhängen, durch Wiesen und Weiden, aber auch waldreiche Gebiete.

Startpunkt für diese Rundfahrt ist das Dorf Siebeneichen. Nach der Umrundung der Kirche fährt man steil hinunter zum Kanal. Hier verkehrt vom 1.3.- 30.11. von 9.00 - 19.30 Uhr eine Seilfähre über das Wasser. Für nur 2-3 Personen auch mit Fahrrad wird aber das Seil nicht hochgezogen und der Motor nicht angeworfen. Mit einem kleinen Ruderboot und Muskelkraft geht es genausogut ans andere Ufer. (Im Winter muß man den diesseitigen Uferweg am Kanal benutzen und trifft dann bei Güster wieder auf die be-

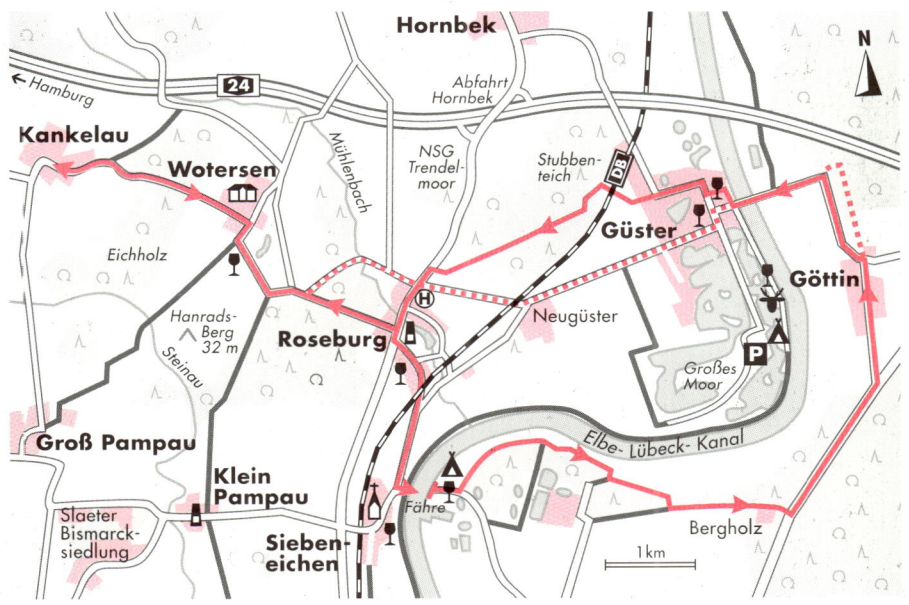

schriebene Strecke.) Ein Betonplatten-weg führt am Campingplatz vorbei zu einer Wegegabelung. Hier geht es links weiter, ein geschnitztes Holz-schild zeigt: Bergholz 4,3 km (Wander-wegschild: Eichel). An den bewal-deten Hängen der Delvenauschmelz-wasserrinne geht es nach Osten, der Kanal macht hier eine große Schleife. Links liegen zum Wasser hin Wiesen und Weiden mit einer Pappelreihe direkt am Treidelweg, rechts Wald. Oberhalb des Hanges gibt es eine große Anzahl von ausgebeuteten Kiesgruben, die z.T. mit Wasser gefüllt sind, »Lebensräume aus zweiter Hand« mit Magerrasen auf den nähr-stoffarmen Böden und seltenen Am-phibien in den flachen Teichen.

Etwa 4 km hinter der Fähre biegt der Weg rechts ab (Schild an einer dicken Eiche), auf der Höhe geht es links wei-ter an einem Kiefernwäldchen entlang zum Herrenhaus von Bergholz. Im frühen 19. Jh. war es eine Schäferei (Heidewirtschaft) und wurde dann im Zuge der allgemeinen Aufforstungen zum Waldgut. Der breite Hofweg, ein-gerahmt mit weißen Steinen, führt zur Straße Büchen–Gudow, der man ca. 2 km links folgt. Durch das Land-schaftsschutzgebiet fährt man links auf einem Sandweg nach Göttin, ei-nem kleinen Dorf. Die Göttiner Heide-hänge, ein Begriff für Pflanzen- und Insektenliebhaber (s. Pflanzenkunde, Tierleben), laden zu einer Rast ein.

Am Hangende fährt man links durch die Lindenallee und auf einer schma-len Brücke mit Holzbelag (von 1900) über den Kanal nach Güster. Hier hat sich ein Ferien- und Freizeitzentrum entwickelt, nachdem durch Kiesab-bau viele Seen entstanden waren. Badestellen und Campingplatz laden zum Verweilen ein. Die vielen Wochen-endhäuser bilden ein Dorf für sich. Der Europawanderweg X und der Wan-derweg mit Halbmondzeichen durch den Stubbenteich nach Roseburg ist si-cher interessanter, man kann aber auch der Straße über Neugüster fol-gen (Radweg). In Roseburg geht es an der Bushaltestelle links zum Mühlen-teich, an der eine alte Wassermühle von 1855 liegt. Sie wird privat genutzt. Durch eine schmale Unterführung unter der Eisenbahnstrecke Lübeck–Lüneburg hindurch kehrt man auf ei-nem asphaltierten Wiesenweg mit Knicks rechts nach Siebeneichen zurück.

Kulturgeschichte

Siebeneichen ist ein typisches An-gerdorf noch in der ursprünglichen Form. Auf einer großen Wiese oder dem Dorfplatz befanden sich Dorf-brunnen oder -teich oder wie hier die Kirche mit dem Friedhof und rund-herum die Bauernhöfe. Die spätba-rocke Feldsteinkirche wurde 1753 er-baut. Statt des üblichen Wetterhahns ziert ein Fisch den Kirchturm. Vor der Kirche wachsen 7 Eichen um ein Denkmal. Das Kopfsteinpflaster rund um Kirche und Friedhof und die Dorflinden sind noch erhalten.

Erdgeschichte

In der breiten Rinne der Delvenau setzten die Schmelzwasser der Eiszeit bis zu 18 m dicke Sand- und Kies-schichten ab, die abgebaggert und auf dem Kanal als Baukies verschifft wur-den. Die Kiesgruben sind jetzt weit-gehend ausgebeutet und konnten sich zu einem Paradies entwickeln, das im Siebeneichen-Fitzener Gebiet der

Natur überlassen, in Güster als Ferien-zentrum entwickelt wurde.

Pflanzenwelt

Die Göttiner Heidehänge, ein Be-griff für Pflanzen- und Insektenlieb-haber, laden zu einer Rast ein. Aber das Gebiet steht unter Naturschutz, und viele Wege dürfen in der Zeit vom 15.2.-15.7. nicht betreten werden. Die Heidehänge werden vom ›WWF‹ und den ›Umweltfreunden Gudow‹ betreut. Besonders zur Heideblüte lohnt ein Abstecher auf den oberen Hangweg immer. Die Göttiner Hänge sind Reste der früher ausgedehnten Heideland-schaften, die von Mitteldeutschland bis an die Ostsee und an die Steilhänge der Elbe reichten. In diesem Bereich konnte sich aufgrund der klimatischen Bedingungen eine besondere Form, die Wärmeheide, ausbilden, eine Über-gangsgesellschaft zwischen atlanti-scher Ginsterheide und kontinentalen Magerrasen. Die Pflanzen haben hier oft ihre Verbreitungsgrenze. Am Göt-tiner Hang wachsen atlantische Gin-sterarten als gelb blühende Zwerg-sträucher neben der mehr kontinen-talen rosafarbenen Heidenelke, dem gelben behaarten Wundklee und der rosa blühenden Hauhechel. Die Wie-senküchenschelle ist der ganz beson-dere Star unter den seltenen Pflanzen am Hang. Es gibt nur noch einen wei-teren Standort dieser nickenden, dun-kelviolett blühenden Art in Schleswig-Holstein.

Tierleben

Die Lebensgemeinschaft der Hei-den und Magerrasen an den Delven-auhängen beherbergt seltene Tierar-ten wie den Ameisenlöwen, die Larve der libellenähnlichen Ameisenjung-fer. Er baut seinen Fangtrichter in den Sandboden und macht damit Jagd auf Ameisen, die, einmal in den Trichter gefallen, an den schrägen Wänden im lockeren Sand nicht wieder rauskrie-chen können und vom Ameisenlö-wen, der am Grund lauert, gefressen werden.

Erweiterungstour 14a
Abstecher zu den »Guldenburgs«
nach Wotersen und Kankelau; Fahr-strecke zusätzlich etwa 10 km/ 1 Std

Wenn man schon mal so nahe ist, sollte man von Roseburg aus einen Abstecher zum Herrenhaus nach Wo-tersen einplanen, Fernsehfreunden besser als Schloß Guldenburg bekannt. Zumindest die Außenaufnahmen wur-den hier gedreht. So liest man auch auf der Ausschilderung in Roseburg das Wort Schloß statt Herrenhaus (als Werbeträger eben geeigneter). Eine Feldsteinmauer grenzt den Schloß-park zur Straße ab, die Tagelöhner-katen rechts am Teich fallen zuerst ins Auge, links führt der Weg zum gelb an-gestrichenen dreiflügeligen Wohn-gebäude, wirklich wie ein Schloß mit Rasenflächen, rund geschnittenen Sträuchern und kleinen Statuen davor (s. Kulturgeschichte).

Durch die Gutsanlage hindurch fährt man nach Kankelau, einem noch vollständig erhaltenen Rundlingsdorf. Um den Brink, einen runden Grasplatz in der Mitte, liegen die Höfe sternför-mig angeordnet mit Anschluß an die dahinter liegenden Felder und Wiesen. Besonders sehenswert sind die alten Feldsteinmauern und die Leineweber-kate von 1651 (mittlerer Teil). In die-sem, noch in der ursprünglichen Form erhaltenen Gebäude wurde noch 1981 mit offenem Herdfeuer auf einem Schwibbogenherd (Doppelanlage) gekocht. Auch heute noch zieht der Rauch ohne Schornstein durch das Reetdach. Die Familie Schenkenberg zeigt Ihnen gern das Gebäude auch von innen und erklärt, wie man vor einigen 100 Jahren gelebt hat (Anmeldung angebracht). Auf dem gleichen Weg gelangt man nach Roseburg zurück.

Kulturgeschichte

Im 16. Jh. entwickelten sich die begrenzten Ritterburgen zu weitläufigen Gutshöfen. Durch die starke Zunahme der Bevölkerung wuchs die Nachfrage nach landwirtschaftlichen Produkten, so daß Landbesitzer ihren Grund und Boden vermehren konnten. Die Reformation ermöglichte auch den Verkauf von kirchlichem Land aus Bistümern und Klöstern an weltliche Herren. In großen Betrieben wurden herrschaftliche Wohnbauten errichtet, die sog. Herrenhäuser, die in Anlage und Ausstattung den Schlössern nicht nachstanden.

Das barocke Herrenhaus von Wotersen, im Volksmund »Schloß« genannt, mit großem englischen Garten, wurde von den von Bernstorffs im 18. Jh. errichtet. Die Anlage umfaßt mehr als 25 Gebäude vom Herrenhaus über Wirtschaftsgebäude (Haferscheune, Back- und Waschhaus, Schafstall, Kuhstall, Brauhaus, etc.) bis zu den vielen kleinen Tagelöhnerhäusern am Teich. Das Herrenhaus kann von außen besichtigt werden. Im Café (Wirtschaftshaus von 1721) gibt es Spezialitäten der Region, in der Haferscheune (von 1725) den bekannten Wotersener Christkindlmarkt, Konzerte des Schleswig-Holstein-Festivals oder Jazz-Frühschoppen, Erntemärkte und ähnliche Veranstaltungen.

Tour 15
»via regia« – die Straße
unserer Vorfahren

Anfahrt zum P nahe Hornbek
Pkw Kreisstraße Büchen–Mölln, Kreuzung
Hornbek in Richtung Güster zum
P Alter Sportplatz, 200 m hinter der
Kreuzung
Rad 4 km von Mölln dieselbe Strecken-
führung mit anderem Ausgangspunkt
Wanderstrecke und Profil
ca. 12 km/ 4 oder 6 km/2 Std.
Orientierung
weiße Schilder mit Pfeilen,
Wegzeichen: Wagenrad, Schmetterling
Rast Picknick-Plätze mit Regenschutz am
Mühlenbach und Breitenfelder Moor
Einkehr nicht direkt an der Strecke
Tip auch als Radtour möglich

Die Besiedelung eines Raumes ist auch immer mit der Geschichte der Wege und Straßen verbunden, mit denen das Gebiet erschlossen wurde und entferntere Gegenden erreicht werden konnten. Eine der berühmtesten Straßen dieser Region ist die via regia, eine Fernhandelsstraße, die Königin unter den Landstraßen im Mittelalter. Die Wanderung beginnt in der Nähe von Hornbek an den westlichen Magerrasenhängen der Delvenau. Der sandige, an einigen Stellen mit breiten Banketten versehene Weg war vor Jahrhunderten die »Hauptstraße« der Region, die via regia, genutzt von Pilgern oder Handelsleuten mit ihren Planwagen, gut bewacht von berittenen Begleitern, denn im Mittelalter lebten viele der Adligen als Raubritter und lauerten den Reisenden an unzugänglichen Stellen auf. Oft hatten

auch die Landesfürsten ihre Finger mit im Spiel und stockten mit den unlauteren Einnahmen ihr mageres Budget auf oder bedienten sich selbst, wenn die Kaufleute sie nicht für ihre Begleitdienste bezahlt hatten.

In der Niederung kreuzt die alte Straßenführung den Mühlenbach, Teil des Limes Saxoniae, einer Grenzbefestigung zwischen Sachsen und Slawen, die man sich nicht als Wall mit Palisaden und Wachtürmen vorstellen muß, wie den bekannten Limes zwischen Rhein und Donau, sondern als natürliche Grenze von Feuchtgebieten, Flüssen und Wäldern. Dieser Bach war Teil der Grenze zwischen beiden Stämmen, die von der Elbe bis an die Ostsee reichte.

Am Wegrand begleitet Heidevegetation den Wanderer oder Radfahrer. Die Wege sind sandig aber fest. Der linksseitige Hang ist bewaldet, an den Feldern zum Kanal hin wächst ein artenreicher Knick. Man blickt in das breite Tal der Delvenau. Nahe am Bahnübergang liegt das Einzelhaus eines Eisenbahnliebhabers. Er hat so manches gute Stück von der Schranke bis zum Weichenkasten zur Freude der Vorübergehenden in seinem Garten aufgestellt. Hier kann man zum ersten Mal zum Kanal hin abbiegen und zurückgehen (ca. 6 km).

An der Gemarkungsgrenze zu Breitenfelde steht ein Granitstein mit dem Lübschen Adler und der Aufschrift: »Freie und Hansestadt Lübeck«. Er erinnert an die Zeit, als das Gebiet an der Salzstraße mit dem halben Dorf Breitenfelde von 1359 bis 1747 an die reiche Hansestadt verpfändet wurde. Grund dafür war der permanente Geldmangel der lauenburgischen Fürsten. Die Lübecker nutzten solche Stützpunkte, um den Handelsweg zu sichern.

Ganz in der Nähe auf der linken Seite befindet sich ein alter, aus Feldsteinen aufgesetzter Brunnen, aus dem die vor die Karren gespannten Pferde getränkt wurden. Das Pflaster auf zwei Wegstrecken ergänzt den Eindruck vom feuchten Boden, die Wege waren allerdings bis zum 18. Jh. ohne Belag. Kurz vor dem Priesterbach geht der Weg zum Elbe-Lübeck-Kanal hinunter auf den Treidelweg direkt am Wasser nach Süden. Schnurgerade zieht er sich durch die Landschaft und verbindet als »nasse Handelsstraße« die Elbe und den Ostseeraum miteinander. Kurz vor der Autobahn am Einlauf des Mühlenbachs in den Kanal geht rechts vor einem Haus ein schmaler Weg den Damm hinauf und durch Wiesen und Felder zum Parkplatz nach Hornbek zurück.

Andere Streckenführung: Bei Anfahrt von Mölln am Elbe-Lübeck-Kanal entlang wird am Wendepunkt der beschriebenen Tour »eingestiegen«.
Kulturgeschichte

Die »via regia« war wohl schon in grauer Vorzeit bevölkert. Zahlreiche Bodenfunde (Siedlungsstätten und Urnenfriedhöfe) beweisen, daß schon in der jüngeren und mittleren Steinzeit Menschen hier gelebt haben. Der aufmerksame Wanderer kann auf den frisch gepflügten Feldern noch so manchen Flintsteinabschlag finden.

Als Handelsweg für den Bernstein von der Ostsee bis zum Mittelmeer mag diese Trasse auch gedient haben, obwohl die sogenannten »Bernstein-

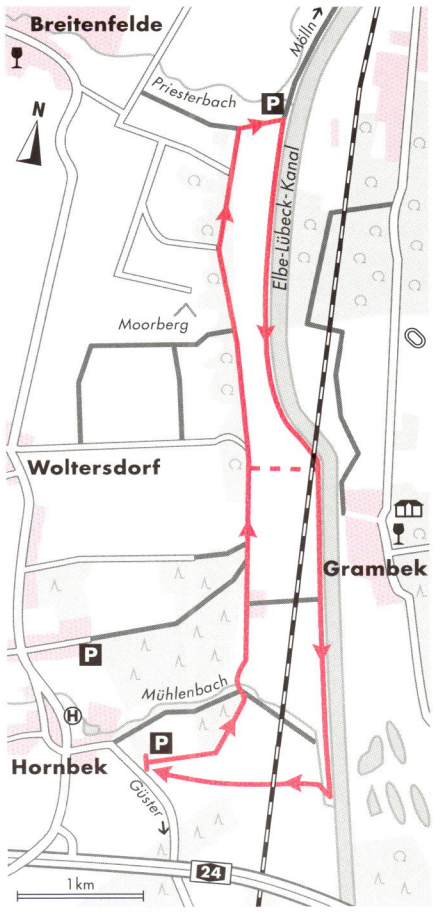

straßen« wohl mehr hypothetische Handelswege waren. Ganz sicher haben die Jakobspilger die »via regia« als Pilgerstraße genutzt. Sie zogen von Lübeck nach Nordspanien, um Jakob von Compostela zu ehren, der der Sage nach dort begraben sein soll. Jakob (= Jakobus d. Ä.) war der Bruder von Johannes, ein Jünger Christi. Als

Salzhandelsstraße zur Ostsee kam sie erst zu Bedeutung, als die Lüneburger Saline um 956 in Betrieb genommen wurde. Das durch Verdunstung des Wassers aus der Sole gewonnene Salz wurde in Fässer gefüllt, nach Lübeck transportiert und als Konservierungsmittel besonders für Fisch mit den Hansekoggen im Ostseebereich verschifft. In sandigen Bereichen war die Straße breit und ausgefahren, in feuchten, moorigen Gebieten wurde Holz versenkt, damit die Handelswagen nicht einsanken. Gepflastert wurde hier erst viel später. Das Pflaster im nördlichen Bereich ist noch original, viele Teile wurden für Einfassungen und Grundmauern abgetragen.

Erdgeschichte

Der Elbe-Lübeck-Kanal verläuft hier im alten Bett des Stecknitz-Delvenau-Kanals, einer Schmelzwasserrinne, die schon im Tertiär als Vertiefung (Depression) ausgebildet war. Die abtauenden Gletscher entwässerten in diese Rinne die Urdelvenau nach Süden und verlängerten sie, je weiter das Eis nach Norden zurückwich. Als das Lübecker Becken eisfrei wurde, floß ein Teil des Wassers von der Möllner Wasserscheide (Endmoränenhügel) aus nach Norden, es bildete sich ein zweiter Fluß, die Stecknitz. Im 14. Jh. wurden beide Flüsse durch einen Graben zum Stecknitz-Delvenau-Kanal verbunden.

Pflanzenwelt, Tierleben

Oberhalb des Weges hat man die landwirtschaftliche Bearbeitung aufgegeben und eine Dauerbrache eingerichtet. So sind die schrägen Heidehänge düngerfrei, und die typische Vegetation der Sandböden kann sich

regenerieren. Rechts liegt eine ausgediente Kippe für Hausabfälle, manche Gartenblume hat sich hier noch gehalten, aber die Heide holt sich ihren natürlichen Standort zurück. Das ist ein Paradies für Insektenfreunde: Hummeln, Bienen und Schwebfliegen auf den Blüten, Laufkäfer zwischen den Heidebülten — eine Vielfalt an Krabblern und Flugkünstlern.

Sachsenwald und Hohes Elbufer

Das Landschaftsschutzgebiet »Hohes Elbufer« und der Sachsenwald gehören im eigentlichen Sinn nicht mehr zum Naturpark »Lauenburgische Seen«, werden aber vom Tourismus mit eingebunden.

Die steilen Hänge zur Elbe, uneinnehmbar für Feinde, boten unseren Vorfahren sichere Siedlungsplätze auf den eiszeitlich entstandenen Hangterrassen, der Strom Nahrung und Fortkommen. So konnte sich hier im Mittelalter heute noch sichtbarer Wohlstand entwickeln. Selten liegen erlebbare Kultur und unberührte Natur so dicht beisammen wie am Lauenburger Elbhang.

Sachsenwald – das klingt urtümlich und geheimnisvoll – ein geschichtsträchtiger Boden. In Deutschland gibt es auf so engem Raum wohl nirgends so viele archäologische Fundorte wie hier. Sie geben Einblicke in die Zeiten zwischen Altsteinzeit und Eisenzeit, von nomadischen Rentierjägern bis zu einer Waldbauernkultur mit Viehzucht auf der Grundlage der Waldweide. Beide Gebiete bieten viel Abwechslung, und der geheimnisvolle große Wald im Norden ist ein schöner Kontrast zu der offenen Flußlandschaft um Elbe und Delvenau.

Tour 16 Rundgang durch Lauenburg

Anfahrt

Bahn	Lübeck–Lüneburg
Pkw	B 5 Hamburg–Berlin, B 209 Lübeck–Lüneburg
Bus	Linienbusse von Hamburg, Lübeck, Lüneburg, Boizenburg
Wanderstrecke und Profil	2 km/1 Std., Höhenunterschiede max. 45 m
Orientierung Plan von Lauenburg s. u.	
Rast	Fürstengarten, Uferpromenade
Einkehr	Zahlreiche Gaststätten und Restaurants in Lauenburg

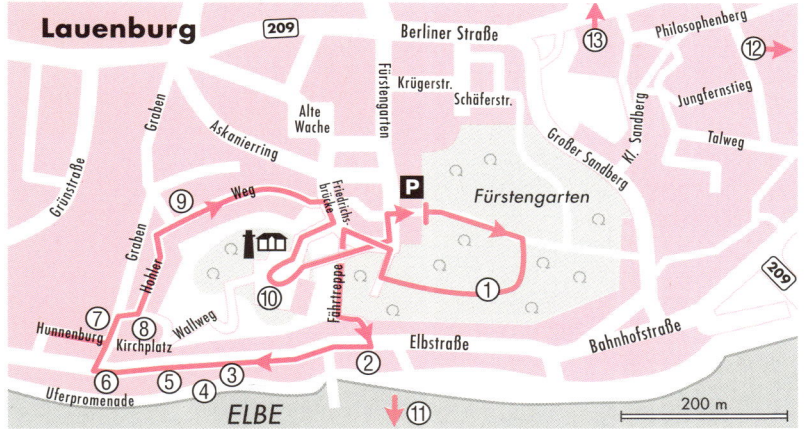

»Hier ist es herrlich!« schrieb 1902 Erna M. über das Hohe Elbufer an ihre Freundin in Berlin. Man kann sich gut vorstellen, wie sie im Fürstengarten stand, tief unter sich den breiten Elbestrom, das weite, flache Vorland der Elbmarschen und in der Ferne die Höhen von Lüneburg, aber auch die mittelalterliche Stadt mit Fachwerkhäusern, Backsteinmauern und der alten Kirche, die gerade einen neuen Spitzturm erhalten hat. Lauenburg lohnt zu jeder Zeit einen Besuch, und den Rundweg durch die Stadt beginnt man am besten an der

1. Grotte im Fürstengarten mit dem Blick in die Weite der Flußlandschaft: Am Restaurant »Elbterrassen« vorbei links hinter dem Standesamt Lütau/ Lauenburg führt ein asphaltierter Hohlweg, die Fährtreppe, unter einer Holzbrücke hindurch in die Unterstadt. Ein Stein erinnert an den Erbauer der »Lavenburg«, Bernhard von Askanien (1181).

2. Rechts an der Elbstraße steht Der Rufer, eine Bronzefigur von Karlheinz Goedtke (Dauerausstellung in Mölln, Stadthauptmannshof). Er grüßt vorbeifahrende Schiffe und Besucher, die mit der Weißen Elbeflotte im Sommer nach Scharnebeck zum Schiffshebewerk (38 m Höhenunterschied) oder die Elbe stromaufwärts fahren möchten. Bei Niedrigwasser ist die

3. Uferpromenade ein beliebter Spazierweg, zu dem man am »Rufer« oder auch bei den schmalen Twieten zwischen den Häusern hinabsteigen kann. Am Ufer liegt der

4. Museumsdampfer »Kaiser Wilhelm«, einer der letzten kohlebefeuerten Schaufelraddampfer (Baujahr 1900).

5. Die Elbstraße mit ihren schönen, alten Fachwerkhäusern ist das Zentrum der Altstadt und war vom 16. bis 19. Jahrhundert Hauptgeschäftsstraße Lauenburgs. Viele Häuser stehen unter Denkmalsschutz wie Nr. 105, ein ehemaliges Brau- und Brennhaus von 1633. Es war ein Handels- und Kaufhaus mit aufwendiger Fachwerkhalle. Die Ausfachungen sind mit Steinen des 1616 abgebrannten Schlosses gemauert, die man den Hang hinabgeworfen hatte. 1794 wurde es für 300 Taler saniert und zu einem Wohnhaus umgebaut.

6. Rund um das Elbschiffahrtsmuseum liegen die ältesten Häuser aus dem 16. Jahrhundert, wie das Mensingsche Haus von 1573 mit reicher Rosettenverzierung und einem vorstehenden Giebel (heute Kunstgewerbe). Das Museum, Lauenburgs altes Rathaus, bietet Interessantes über die Geschichte der Elbschiffahrt, die Nutzung des Stecknitz-Delvenau-Kanals für den Salztransport von Lüneburg nach Lübeck, mittelalterliches Leben mit Gilden und Zünften. Im Keller stehen noch funktionsfähige Dampfmaschinen und andere Schiffstechnik.

7. Hinter dem Mensingschen Haus sollte man links einen kleinen Abstecher (ca. 150 m) in die Hunnenburg unternehmen, einen schmalen, kopfsteingepflasterten Gehweg zwischen Steinmauern und liebevoll gepflegten Gärtchen mit Häusern aus dem 17. Jahrhundert. Man kommt direkt auf die Drechslerei zu, heute Kunstwerkstatt mit Ausstellungen und Kursen.

8. Der Rückweg führt zum Portal der Maria-Magdalenen-Kirche, die 1227 zur Erinnerung an die Schlacht bei Bornhöved gebaut wurde, als die

Lauenburger Herzöge mit den Holsten einen Sieg gegen die Dänen errangen. Im Innenraum befinden sich einige Kunstwerke wie der Orgelprospekt von 1625, mittelalterliche Leuchter und ein Totentanzbild von 1470. Lange wurde gestritten, ob man den im Krieg abgebrochenen Turm erneuern sollte. Heute ziert wieder ein Spitzturm die alte Kirche.

9. Am Hohlen Weg, dem ehemaligen Burggraben, geht es bergauf, vorbei an kleinen, sorgfältig restaurierten Häusern mit schiefen Wänden. Vor dem Torbogen der Friedrichsbrücke führt eine Treppe rechts zum

10. Schloß hinauf. Wer noch nicht müde ist, sollte den alten Schloßturm bezwingen. Nur für Schwindelfreie sind die schmalen, ausgetretenen Holztreppen und -stiegen geeignet: auf halber Höhe das alte Turmuhrwerk, oben ein wunderbarer Ausblick, Vorsicht Kopf!, die Glocken hängen tief. Der Turm wurde 1477 vollendet und stellte für die damalige Zeit einen der modernsten Geschütztürme mit vier Schießscharten dar, uneinnehmbar auf dem Hügel mit über 2 Meter dicken Mauern. Im Untergeschoß gab es ein Verlies für Gefangene und eine Pulverkammer. Vom Schloß selbst blieb nach dem großen Brand nur ein Flügel übrig (heute als Amtsgericht genutzt). Tilly und Wallenstein waren 1627 hier zu Verhandlungen, später Wilhelm I. und Otto von Bismarck. Von der Schloßterrasse herab hat man einen weiteren schönen Ausblick, aber Vorsicht: der Hang ist hier sehr steil, Absturzgefahr! Auf der Holzbrücke über die Schlucht kehrt man in den Fürstengarten zurück.

Weitere Tips zu Lauenburg:

11. Wenn Sie einen besonders schönen Blick auf die Altstadt genießen möchten, gönnen Sie sich eine Tasse Kaffee im Café Koch auf der anderen Seite der Elbe in Hohnstorf.

12. Auch einen Besuch bei der Palmschleuse an der B 5 Richtung Boizenburg sollte man einplanen. Sie ist die älteste erhaltene Kammerschleuse Nordeuropas, eine von 17 Schleusen des mittelalterlichen Stecknitz-Delvenau-Kanals, der die Elbe mit Lübeck verband.

13. Von den 6 Lauenburger Mühlen ist noch eine im Norden der Stadt erhalten. Sie ist heute lebendiges Museum, und man kann hier nicht nur etwas über die Arbeit und das Leben der Müller erfahren, sondern auch in der angeschlossenen Gastronomie köstlichen Butterkuchen genießen.

Kulturgeschichte

Das von slawischen Polaben besiedelte Land um Lauenburg wurde im 12. Jahrhundert germanisiert. Nachdem Heinrich der Löwe, Herzog von Sachsen und Bayern, geächtet worden war, wurden seine Reichslehen neu verteilt. Bernhard I. von Askanien, der Stammvater der Herzöge von Sachsen Lauenburg, errichtete als Nachfolger Heinrichs des Löwen 1182 bis 1183 angeblich aus Steinen der zerstörten Ertheneburg (s. Tour 17) seine neue Burg 4 km elbaufwärts. Die alte Burg hatte, auf hohem Geesthang gelegen, die Handelsstraße an der Elbfurt kontrolliert. Diese neue Burg lag auf schwer zugänglichem Gelände im Winkel von Elbsteilhang und Feuchtgebieten der Delvenau und war eher ein militärischer Stützpunkt. Der

Salztransport zur Ostsee genutzt wurde (s. Kulturgeschichte S. 13). Die Lübecker waren zwar für den Kanal, die Schleusen und Zölle zuständig, die Lauenburger hatten aber das Monopol für den Transport des Salzes. Auf dem 0,80 m tiefen Kanal konnten nur flachbödige Prahme auf einer Flutwelle flußabwärts gestakt oder flußaufwärts getreidelt werden. Die Salzkähne aus Lüneburg, die die Ilmenau herabsegelten, wurden am Lauenburger Packhof (am heutigen »Rufer«) abgeladen, das Salz wurde hier in Fässer geschlagen und auf die Stecknitzprahme umgeladen.

Der entscheidende Aufschwung kam mit der Neuorientierung des europäischen Handels, als sich die Elbe zu einem wichtigen Transportweg entwickelte und über Hamburg der Handel mit Übersee und der Neuen Welt begann. Mit der zunehmenden Elbschiffahrt überflügelte Lauenburg im 16. Jahrhundert die übrigen Städte der Region. Die malerischen Fachwerkhäuser in der Altstadt mit ihren aufwendig geschnitzten Giebeln zeugen von dem blühenden Geschäftsleben und dem damit verbundenen Wohlstand vom 16. bis 19. Jahrhundert. Die Franzosenzeit (1803 bis 1813) brachte wirtschaftliche Rückschläge, und als Lauenburg nach den Befreiungskriegen an Dänemark fiel, kam es in eine ungünstige Randlage.

Erdgeschichte

Lauenburg liegt im südöstlichen Winkel zwischen dem Urstromtal der Elbe und der Delvenauniederung, einer breiten eiszeitlichen Schmelzwasserrinne. Der Elbhang fällt hier am Ende eines Altmoränenplateaus aus

Name Lauenburgs stammt wohl von den Slawen, die 400 Jahre in diesem Gebiet lebten. Sie nannten die Elbe ›Lave‹, so daß man Lauenburg als Burg an der Lave verstehen muß. Schon 1260 wurde Lauenburg Stadt. Der beengte Siedlungsraum am Hang, in den Schluchten und auf wenigen Plateaus war keine gute Voraussetzung für die Stadtentwicklung. Die alte Handelsstraße an der Ertheneburg blieb bestehen, und andere Wege endeten bei der neuen Burg. Erst im 17. Jahrhundert wurde der Postweg Hamburg–Berlin in Betrieb genommen und die Delvenauniederung überquert.

Eine große Bedeutung für die wirtschaftliche Entwicklung der Stadt hatte aber der Bau des Stecknitz-Delvenau-Kanals, der hauptsächlich für den der mittleren Eiszeit steil über 40 m ab. Durch Erosion entstanden mehrere Schluchten, Böschungen und kleine Plateaus, die heute noch das Bild der Altstadt prägen.

Pflanzenwelt

Der Hang unterhalb des 1656 neu angelegten Fürstengartens und auch andere Hänge der Stadt stellen ein botanisches und kulturgeschichtliches Denkmal dar. Während der Fürstengarten selbst bis auf einen alten Ginkgobaum und die Felsengrotte verschwunden ist (heute fast nur noch Rasenflächen), haben sich hier viele aus alter Kultur verwilderte Frühlingsblumen erhalten. Einige von ihnen sind über 150 Jahre an diesen Standorten bekannt. Besonders auffällig sind dabei die Lauenburger Winterlinge, die für etwa 3 Wochen zwischen Februar und April den Frühling ankündigen. Elisabeth von Böhmen heiratete in das Askaniergeschlecht ein und soll die Winterlinge aus ihrer süd–östlichen Heimat mitgebracht haben. Es finden sich noch weitere Verwilderungen aus dem alten Fürstengarten an den Hängen wie Wildtulpen, mehrere Laucharten, Doldiger und Nickender Milchstern und Schneeglöckchen.

Tierleben s. Einführung

Tour 17
Auf dem Elbuferweg
von Lauenburg
nach Tesperhude

Anfahrt s. Tour 16
    Wanderstrecken je nach Lust und
    Laune 4, 8, oder 11 km,
    maximal 3 $^{1}/_{2}$ Stunden
Höhenunterschiede bis 40 m
Orientierung
    Karte s. u., Wegemarkierung
    Tafeln mit Aufschrift, Wanderweg-
    zeichen: Steinpilz
Rast Innenhof der Ertheneburg mit
    wunderbarem Ausblick auf Elbe
    und Elbmarschen, andere
    Aussichtspunkte am Hang
Einkehr Mehrere Gasthöfe am Weg
Rückfahrt von Tesperhude mit dem Bus
    zurück nach Lauenburg

Wenn die Elbe Hochwasser führt, helfen auch keine Gummistiefel, dann ist der Uferweg gesperrt. An der mächtigen Sperrmauer zeigt eine Hochwassermarkierung eindrucksvoll so manche Überflutung an. Aber es gibt noch zwei Wege am Hohen Elbufer entlang: den Oberleutnantsweg oberhalb des markanten Steilhangs mit vielen Aussichtspunkten auf Fluß und gegenüberliegendes Ufer und den Elbkamp, der etwas abseits liegt. In heißen Sommern wird man den Schatten unter den Bäumen am Oberleutnantsweg sicher vorziehen. Wählt man den Uferweg (wenn möglich), hat man über sich den imposanten bewaldeten Steilhang mit den ausgewaschenen Wurzeln der Bäume, Steilwände mit Brutkolonien der Uferschwalben und efeubewachsene Stämme. Zum Wasser hin breitet sich ein Auwald mit verschiedenen Weidenarten aus, in dem viele Wasservögel vorkommen: im Winter Gäste aus dem Norden, im Sommer zahlreiche einheimische Brutvögel. Ein Abstecher über die stadtnahen Treppen und Wege zum zwischeneiszeitlichen Moor am Oberleutnantsweg sollte immer mit eingeplant werden. Hierher kommen Geologen und Geobotaniker aus aller Welt, um einen 70 000 Jahre alten Mooranschnitt am Hang zu untersuchen (s. Erdgeschichte).

Eine tiefe Erosionsrinne unterhalb Glüsings weitet sich zur Elbe. Man kann auf der Wiese grillen, sich einfach nur ausruhen oder auch schon

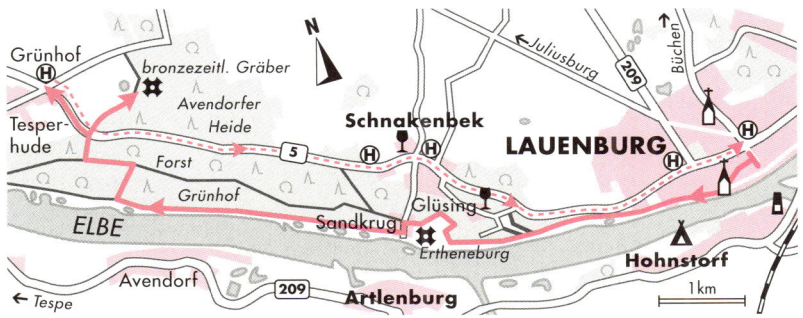

89

von hier aus auf einem anderen Weg zurückgehen (Wegstrecke hin und zurück 4 km).

Nach einer kurzen Wanderung durch den Wald erreicht man eine ausgebeutete Sandgrube. Durch ihre besonnte Lage und die Hangöffnung nach Süden hin ist sie idealer Lebensraum für Hautflügler und zeigt eine interessante Magerrasenvegetation. Kurz dahinter liegt die Ertheneburg, von der nur noch die Ringwälle aus Erde geblieben sind. Von der Burgfläche aus hat man einen einzigartigen Ausblick über Artlenburg mit seinem gedrungenen Kirchturm, den Elbeseitenkanal und die weite Elbmarsch. Man sollte hinter der Burganlage dem kopfsteingepflasterten Hohlweg hinab an die Elbe folgen. Hier spürt man einen Hauch der Geschichte, denn vor vielen hundert Jahren fuhren auf denselben Steinen mit Salz und anderen Gütern beladene Planwagen auf der »Alten Salzstraße« durch die Elbfurt. Man hat hier eine weitere Möglichkeit, auf einem anderen Hangweg zurückzugehen (Wegstrecke hin und zurück 8 km).

Der Wanderweg führt nun an ausgedehnten Auwäldern mit kleinen Teichen und Seen voller Seerosen weiter, von oben hat man viele schöne Ausblicke. Etwa 1 km vor Tesperhude entfernt sich der mit einem Steinpilz markierte Weg entlang einer Erosionsrinne vom Elbufer. An der Wegegabelung biegt man rechts vom Hauptweg ab, kreuzt nach steilem Anstieg einen weiteren Hauptweg (Stein mit Nr. 22) und geht geradeaus zum Parkplatz an der B 5. In der Avendorfer Heide, einem Waldstück jenseits der Bundes-

straße, gibt es mehrere sehenswerte bronzezeitliche Gräber, wie das Totenhaus. Von Grünhof-Tesperhude fährt der Bus nach 11 km Wanderweg in die Lauenburger Innenstadt zurück.

Kulturgeschichte

Die Ertheneburg kontrollierte im 11. und 12. Jahrhundert die Furt über die Elbe, als man auf der alten via regia, der Königsstraße, damals das »weiße Gold«, das Salz aus den Salinen von Lüneburg, auf Planwagen nach Norden zu den Städten an der Ostsee transportierte. 1026 wurde die Burganlage das erste Mal erwähnt als Erthiniburg, die »Erdene«. Das bezieht sich sicher auf die 3,5 m hohen und 15 m breiten Erdringwälle, mit denen der Innenhof umgeben ist. Auf den Wällen muß man sich hölzerne Palisaden mit Türmen als Schutzmauern vorstellen. Heinrich der Löwe hat hier von 1056 an mehrere Landesversammlungen (colloquium provinciale) abgehalten. Ein Silberdenar mit seinen Zeichen und verschiedene Scherbenfunde aus dieser Zeit belegen, daß diese Anlage mit der geschichtlichen Ertheneburg identisch ist. Schon 1180 wurde sie von Heinrich dem Löwen selbst zerstört, der Handelsweg an ihrem Fuße in der Erosionsrinne blieb aber noch lange mit einer Zollstation erhalten.

Grünhof-Tesperhude liegt auf einem nach Süden geneigten Altmoränenplateau. Im Gemeindebereich gibt es mehrere bronzezeitliche Grabhügel und Urnenfelder unterschiedlicher Perioden, dabei ist eine Grabanlage, das sogenannte Totenhaus (nach der Bestattungsart zur Ilmenaukultur gehörend), besonders hervorzuheben. Über zwei Baumsärgen,

dem einer Frau und eines kleinen Kindes, war ein Pfostenbau errichtet worden. Er bestand aus 2 Reihen von Pfosten, die in einem Steinfußboden verkeilt waren. Den Fußboden hatte man sorgfältig mit Lehm verstrichen. Während der Beisetzungszeremonie oder später wurde das Totenhaus abgebrannt und die Reste mit Erde überdeckt. Sowohl die Baumsärge als auch die Leichen verbrannten nicht vollständig, so daß viele Grabbeigaben erhalten geblieben sind. Totenhäuser mit Brandbestattungen sind im Norden der Lüneburger Heide nicht selten, es handelt sich bei den so bestatteten Toten immer um Frauen (wie hier auch manchmal mit Kindern). Um diese Totenbestattung rankt sich die älteste mündlich überlieferte Sage des Gebietes:»In dissen Barg hebbt in olen Tiden grote Füer brennt« (in diesem Berg haben in alten Zeiten große Feuer gebrannt).

Erdgeschichte

Nach der 90 000 Jahre dauernden Saale-Vereisung und dem Abtauen der Gletscher, setzte 40 000 Jahre lang die Eemzeit, eine Warmzeit, ein. Knochenfunde und Pollenanalysen zeigen, daß es damals wärmer war als heute. Der Meeresspiegel des Eemmeeres und die einfließenden Flüsse waren angestiegen, so daß auch die Nebenflüsse 30 m höher in die Urelbe einmündeten, so auch ein breiter von der Altmoräne im Norden kommender Fluß. Sein vertorftes Flußbett ist heute als »interglaziales Torflager« am Elbhang vom Oberleutnantsweg aus zu sehen.

Pflanzenwelt

Von den über 1000 Pflanzenarten in Schleswig-Holstein und Mecklenburg kommen etwa 160 nur am Elbhang und in den Elbwiesen vor. Dafür gibt es mehrere Gründe. Einige Pflanzen haben hier ihre Verbreitungsgrenze, wie der mehr kontinentale Knorpellattich oder die eher atlantische Glockenheide (s. Pflanzenkunde S. 17), andere sind auf das Stromtal beschränkt, wie das Kreuzlabkraut, der Hirschsprung oder das noch seltenere Gottesgnadenkraut. Da die Hänge Südlage haben, kommen auch Pflanzen aus wärmeren Gegenden vor, wie der Weinbergslauch und die mehr mediterrane Osterluzei.

Tierleben

Am Sandhang nahe der Ertheneburg fliegen schon an einem warmen Apriltag die Sandbienen. Im Gegensatz zu unseren staatsbildenden Hausbienen leben sie solitär, d. h. einzeln in Kolonien. Sie bauen ihre Larvengänge in den Sandboden, tragen Pollen ein und legen Eier an den Nahrungsvorrat. Die heranwachsenden Bienenlarven ernähren sich ganz selbständig und brauchen keine weitere Pflege. Diese früh ausschlüpfenden Wildbienen sind auch wichtige Bestäuber unserer Obstbäume und anderer Kulturpflanzen.

Tour 18
Das Bistal – ein Spazier-
gang in die Erdgeschichte

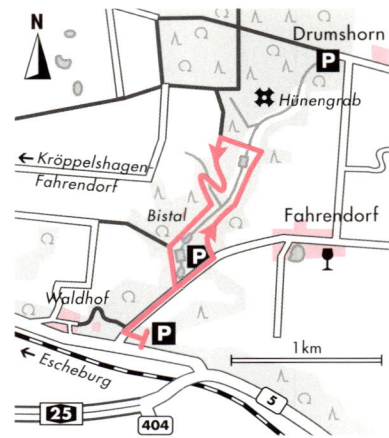

Anfahrt	in Richtung Escheburg
Bus	HVV, Haltestelle Bistal nahe Escheburg
Pkw	von Geesthacht über die B 5 in Richtung Bergedorf, bzw. A 25 bis zum P Bistal an der B 5
Wanderstrecke und Profil	
	4 km/1 Std. bei Höhenunterschieden von ca. 20 m
Orientierung	Karte s. o., weiße Schilder mit Pfeilen und Wanderwegzeichen: Pfifferling
Rast	Bänke am Weg Einkehr nicht möglich

Im Talraum des Flüßchens Bis begegnet man auf Schritt und Tritt den Spuren der Eiszeiten; man muß nur die Augen öffnen und empfänglich für die Zeichen und Hinweise der Erdgeschichte sein. Aber auch für Nicht-geologen ist der Wald auf den Hängen und in den Schluchten immer einen Spaziergang wert. Ein Asphaltweg führt durch das Wiesental der Bis sanft bergauf. Mehrere Fischteiche liegen am Waldrand, ihre Oberfläche ist grün – Entenflott (Wasserlinsen) und Hahnenfuß bedecken das Wasser. Am zweiten Parkplatz auf halber Höhe geht es links ab. Der Wegweiser am Baum trägt das Pilzzeichen, »Dassendorf-Siedlung« ist ausgeschildert.

Der Boden ist kiesig bis steinig. Man steht auf eiszeitlichem Untergrund. Die Elster- und Saalevereisungen hinterließen hier grobe Sande und Geröll, das unter dem Gletscher mitgeführt

wurde – Grundmoränenschutt wie im Lehrbuch. Die abgerundeteren Steine wurden unter dem Gletscher gerollt oder im Strom des Tauwassers geschliffen, die kantigeren im Gletschereis transportiert. Das Pilzzeichen am Baum zeigt nach rechts einen schmalen Fußweg entlang. Links des Weges fließt die Bis als schmaler mäandrierender Bach durch das Tal. Er allein hat diese tiefe Schlucht in die Altmoräne gegraben. Andere Erosionsrinnen führen rechts und links auf den Bach zu. An einem ausgewaschenen Graben rechts erkennt man gut die unterschiedlichen Schichtungshorizonte:

a 20 - 30 cm Humusschicht als Waldboden

b 0,5 m sandig-kiesigen Grundmoränenboden mit Schotter gemischt, über 100 000 Jahre alt

c helle Tonschicht (Schluff) vom Schmelzwasser in Senken im Gletschervorfeld abgelagert

d im Bach selbst unterschiedliche Gesteine aus dem skandinavischen Raum und dem Ostseegrund (s. Tour 19).

Auch einige Flußterrassen lassen sich mit etwas Phantasie noch erkennen. Sie stammen aus der Zeit, als die Bis durch die Gletscherschmelzwasser noch breit und reißend war; leider sind sie durch die künstlich angelegten Fischteiche teilweise zerstört worden. An die Teiche schließt sich ein kleiner Erlenbruch an. Hier quert man den Bach und gelangt durch einen Hohlweg auf die Höhe des Altmoränenplateaus am Feldrand. Über die Baumkronen rechts führt eine Überlandleitung vom KKW Krümmel bei Geesthacht nach Bergedorf. Links geht der Wanderweg weiter in den lichten Laubwald zurück. Von der Hochfläche vor der Rechtskurve blickt man in die tief eingeschnittenen Erosionstäler hinab. Ein Bergrücken, der Restberg zwischen zwei Talräumen, läßt die formende Gewalt der tauenden Wassermassen der Gletscher erahnen. Vom oberen Parkplatz geht es schließlich denselben Talweg zurück.

Erdgeschichte

Wer nach diesem Spaziergang noch mehr Lust auf Erdgeschichte hat, sollte die ausgebeutete Kiesgrube (ca. 300 m östlich an der B5) aufsuchen. Die Grube selbst ist schon lange von der Natur zurückerobert worden, wie die Pflanzen am Grund zeigen. Neben Heide und niedriger Magerrasenvegetation haben sich vor allem Birken angesiedelt. Einmalig ist aber die westliche Abbruchkante, denn an diesem Aufschluß kann man weit in die Erdgeschichte zurückblicken und Schichtungen finden, die sonst mehrere hundert Meter tief unter der Erde liegen. Sie stammen aus dem Jungtertiär und sind damit mehr als 20 Millionen Jahre alt.

Unter den quartären Sanden, 2-3 Meter unter der Oberfläche, liegen abwechselnd bräunliche und graue tonige Schichten, der sog. Hamburger Ton, Ablagerung einer Küstenlagune. Die Urnordsee umspülte zu der Zeit den Norden Deutschlands, im subtropischen Klima wuchsen Sumpfzypressen und Mammutbaum, lebten Urelefant und Beuteltiere. Je nach Bewuchs waren die Sinkstoffe in den Buchten humusreicher und damit dunkler oder pflanzenärmer und heller. Am Schräghang darunter befinden sich Braunkohlensande mit Einschlüssen von Limonitgestein (Brauneisenstein), einer Form des Eisenerzes, das durch Verwitterung eisenhaltiger Mineralien entstanden ist. Braune ortsteinartige Eisenkrusten lassen die Herkunft erkennen. Wie kommen aber diese Schichten hier so nahe an die Oberfläche? Ganz in der Nähe bei Hohenhorn befindet sich in ca. 400 m Tiefe ein Salzstock aus dem Zechsteinmeer. Durch den Druck der aufliegenden Gesteins- und Erdschichten wurde das Salz plastisch und konnte sich in einer Schwächezone domförmig aufwölben. Darüberliegende Schichten wurden mit hochgedrückt, und so liegt nach dem Abbau von Sand und Kies der voreiszeitliche Untergrund offen zutage. Der Hamburger Ton hatte auch einen nicht zu vernachlässigenden Einfluß auf die Entstehung des Bistals. Da Ton eine wirksame Wassersperre zum Untergrund darstellt, konnte das Schmelzwasser der Gletscher nicht versickern und formte im Abfließen das breite Erosionstal.

Pflanzenwelt, Tierleben

s. Einführung

Tour 19
Zweimal Alte Salzstraße zwischen Kanal und Frachtweg

Anfahrt nach Büchen-Dorf
Bahn von Lüneburg und Lübeck, von
    Hamburg und Berlin (Bhf. Büchen)
Bus von Lüneburg und Lübeck
Pkw von Lauenburg, Mölln und
    Schwarzenbek nach Büchen;
    A 24 Abfahrt Hornbek
Wanderstrecke und Profil
    8 km/3 Std., 10 km/3,5 Std. oder
    14 km/5 Std. bzw. mit dem Fahrrad.
Orientierung Karte S. 95
    Am Kanal auf dem Treidelweg ent-
    lang, von Witzeeze bis zum Blase-
    busch auf dem Europawanderweg
Rast Bänke an Kanal und Feldmark
Einkehr Gaststätten in den Orten

Auf diesem geschichtsträchtigen Rundweg begegnet man zweimal einem Teil der historischen Trasse der Alten Salzstraße. Das kleine Flüßchen Delvenau, das man bei Büchen-Dorf quert, ist der Überrest des Delvenau-Stecknitz-Kanals, auf dem das Lüneburger Salz mit flachen Prahmen nach Lübeck getreidelt wurde. Der Frachtweg am Blasebusch ist Teil des Landwegs, auf dem das Salz in Karren auf beschwerlichen Sandwegen transportiert wurde.

Der Rundweg (auch als Radtour geeignet) beginnt an der Priesterkate in Büchen-Dorf. Die Marienkirche gegenüber, aus dem Beginn des 13. Jh., war eine bekannte Wallfahrtskirche (s. Kulturgeschichte). Bevor die Straße nach Büchen den Elbe-Lübeck-Kanal

quert, führt sie über einen Bach, der sich durch die Wiesen schlängelt, die Delvenau. Von der Büchener Schleuse an diesem alten Kanalteil ist nur noch der Grundbalken im Bachbett erhalten. Vor der Brücke führt ein Weg links zum Lösch- und Ladeplatz am Elbe-Lübeck-Kanal. Während der Bauzeit des Kanals wurde hier Material angeliefert, später war er Büchens Umschlagplatz für Brennholz und Kohle. Im weiteren Verlauf des Weges kommt man unter der neuen Eisenbahnbrücke der Strecke Hamburg–Berlin hindurch. Hier raste schon vor dem 2. Weltkrieg der Fliegende Hamburger in etwa 1,5 Std. von Hamburg nach Berlin oder umgekehrt.

Kurz vor Witzeeze liegen mehrere ausgebeutete Kieskuhlen, heute ein Naherholungsgebiet mit Campingplatz. Ein Schleppkahn fährt durch die geöffneten Stemmtore in die Witzeezer Schleuse ein, eine von 7 fast baugleichen Schleusen des Elbe-Lübeck-Kanals. Wenn er keine Schiffe schleusen muß, erklärt der Schleusenmeister gern die Funktion der »Hotoppschen« Schleuse. (Von dieser modernen Schleuse des Elbe-Lübeck-Kanals ist es nicht weit zur letzten Stauschleuse des Stecknitz-Delvenau-Kanals, der Dückerschleuse von 1789. Der eventuelle Abstecher am Ostufer des Kanals nach Süden führt zum gleichnamigen Gasthof, dem alten Schleusenmeisterhaus. Auf demselben Weg gelangt man dann zur Kanalschleuse zurück.) Der Kanal wird überquert, und jenseits der Brücke gibt es die erste Umkehrmöglichkeit am Westufer des Kanals zurück (ca. 8 km). Weiter auf der Haupttour lag gleich hinter den Schie-

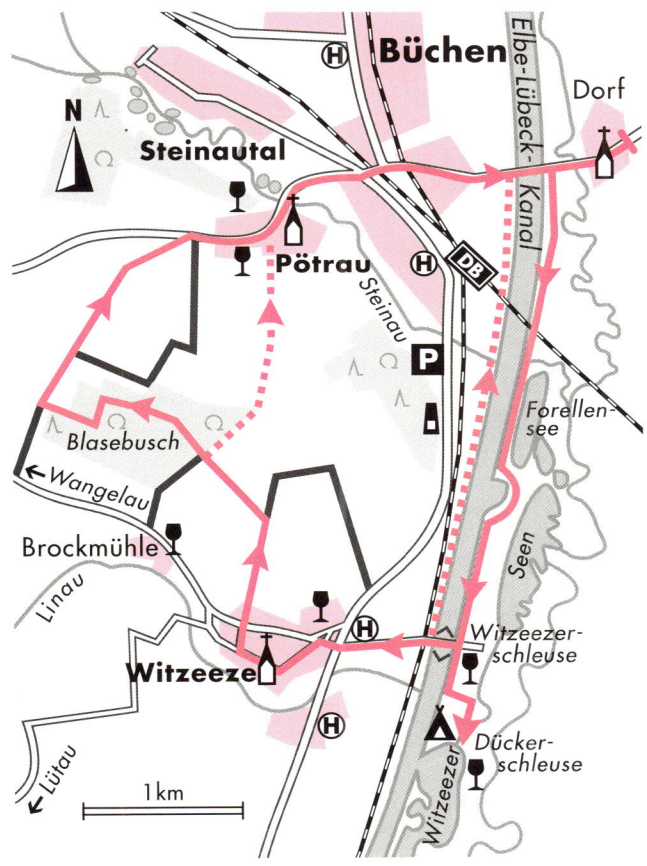

nen und einem kleinen Bruchwald im frühen Mittelalter das ursprünglich slawische Dorf Witzeeze, das sich heute etwas weiter westlich ausdehnt. Der Weg durch die Dorfstraße auf Kopfsteinpflasterwegen mit den großen Höfen des typischen Straßendorfes und der Katharinenkapelle von 1873 stellt schon eine Besonderheit dar, wurden doch sonst in fast allen Dörfern die Straßen asphaltiert. Mehrere Gebäude aus dem 17. Jh. sind, wie die

zahlreichen Trockenmauern vor den Höfen, zu Kulturdenkmalen ernannt worden. An einer alten Schirmkiefer vorbei geht es auf einem asphaltierten Wirtschaftsweg zum Blasebusch, dem man vor dem Wald nach Pötrau durch die Feldflur folgen kann. (Dem alten Frachtweg der Salzfahrer begegnet man aber nur, wenn man durch den Wald hindurch geht. Rechts kommt man dann auf historischer Trasse nach Pötrau; leider ist der Weg im Rahmen

der Flurbereinigung asphaltiert worden.) Von Pötrau geht es nun an der Wassermühle vorbei in den Zentralort Büchen, der sich um den Bahnhof herum entwickelt hat. Unter den Eisenbahnbrücken führt der Weg schließlich nach Büchen-Dorf zurück.

Kulturgeschichte

Die Priesterkate in Büchen-Dorf ist das älteste landwirtschaftlich genutzte Bauwerk der Region. 1649, direkt nach dem 30jährigen Krieg, wurde sie dem Pastor mit 1 ha Land als Amts- und Wohnsitz verliehen. Das Gebäude ist ein niedersächsisches Fachhallenhaus mit Sackdiele (denn das Gelände dahinter fällt steil zum Tal ab). Erntewagen konnten hineinfahren und ihre Fracht abladen, das Getreide wurde hier gedroschen, die Tiere rechts und links in den Fächern untergebracht. Heute ist der Dielenteil aufwendig in Lehmbauweise restauriert und wird kulturell genutzt. Auf dem Vorplatz steht ein Denkmal für Theodor Körner, den patriotischen Dichter der Freiheitsbewe-

gung gegen Napoleon I., der am Vorabend seines Todes bei Gadebusch hier das Freiheitslied: »Ein Volk steht auf, der Sturm bricht los...« gedichtet hat.

Marienkirche gegenüber der Priesterkate: Ihr Marienschrein, in dem die wundertätige »Maria tor Boke« (Maria zu Büchen) verwahrt wurde, steht noch in der Kirche, allerdings ist die Marienfigur (sie soll aus Gold gewesen sein) im 30jährigen Krieg verschwunden. An vier Markttagen im Jahr, wenn für die Menschen aus den umliegenden Dörfern ein Krammarkt abgehalten wurde, stand die Maria unter Bewachung auf dem Altar.

Zur Funktion der Stauschleusen: Hatte sich an den Toren genügend Wasser angesammelt und waren die Schleusentore unterhalb geschlossen, wurde die Schleuse an den sog. »Zapfeltagen« geöffnet. Zunächst wurden die oberen Schüttbretter herausgezogen, und der erste Wasserschwall floß ab; dann erst konnte man gegen den Strom die Torflügel öffnen und auf der

Wasserwelle bis zur nächsten Schleuse fahren (durch das viele Wasser wurden auch die umliegenden Wiesen regelmäßig überschwemmt). Die unten wartenden Prahme mußten dann gegen den Strom durch die Schleuse gezogen werden, bevor man die Tore wieder verschloß. Diese einfachen Stauschleusen konnten nicht durch die auch damals schon bekannten Kammerschleusen ersetzt werden, da die Kanalabschnitte nicht eben waren und unterhalb der Schleuse leerliefen, daher auch das Öffnen der Schüttbretter vor dem eigentlichen Schleusvorgang.

Erdgeschichte

Die Kiesablagerungen vor Witzeeze entstanden vor etwa 15 000 Jahren, als die Gletscher der letzten Eiszeit abtauten und vor den Endmoränen Schwemmfelder mit Sanden und Kiesen ablagerten. In den 60er Jahren wurde der Kies abgebaut. Durch das hoch anstehende Grundwasser und das Wasser der umgeleiteten Delvenau

entstanden reizvolle Seen und Tümpel.

Am Wegrand findet man immer wieder Lesesteinhaufen, die die Landwirte von ihren Äckern zusammengetragen haben. Abends sitzen hier Insekten und Eidechsen und genießen die gespeicherte Wärme des Tages. Farbe und Aufbau verraten ihre skandinavische Herkunft, denn alle Gesteine wurden mit den Gletschern hierher transportiert. Besonders nach einem Regenguß, wenn der Staub abgespült wurde, unterscheidet man den hellgrauen Granit aus der Gegend von Stockholm, den mehr rötlich-gelben Sala-Granit, Porphyre aus Dalarne, rötlich oder braun mit den typischen, oft erbsengroßen Einsprenkseln, den fast schwarzen Basalt aus Schonen u.v.a. mehr.

Auch ihre Form verrät etwas über die erdgeschichtlichen Vorgänge: abgerundete, kleinere Steine wurden oft unter dem Gletscher in der Grundmoräne mittransportiert und abgeschliffen, größere an der Gletscher-

front mitgerollt. Aber man findet auch oft, gerade im südlichen Teil auf den Altmoränenhängen, kantig geschliffene Findlinge mit 1 bis 2 Kanten (Firstkanter) oder 3 und mehr (Pyramidenkanter). Sie erzählen von den kalttrockenen Winden, die nach dem Abtauen der Gletscher über die pflanzenleeren Flächen fegten und die eiszeitlichen Sande wie mit einem Sandstrahlgebläse über die Steine trieben, so daß sie diese mattglänzenden Flächen erhielten.

Pflanzenwelt

Die Flächenstillegungsprogramme der Europäischen Gemeinschaft bewirken ein Anwachsen von Brachen in der Agrarlandschaft. Die Entwicklung der Vegetation hängt vom Boden, dem Samenpotential (manche Samen können mehr als 40 Jahre im Boden ruhen) und dem Bewuchs der Umgebung ab. Die Artenzusammensetzung wechselt sehr schnell. So dominieren in den ersten beiden Jahren Ackerwildkräuter wie Kamille, Klatschmohn, Korn-

blume und Stiefmütterchen. Es folgen die ausdauernden, mehrjährigen Arten wie Rainfarn, Beifuß und Gräser. Moose und Flechten siedeln sich an. Solche Ackerbrachen sind die artenreichsten Flächen in der Kulturlandschaft, solange sie baumfrei gehalten werden.

Tierleben

Landwirtschaftlich genutzte Flächen bieten nur wenig Tieren einen Lebensraum. In der durchgehend vorhandenen Pflanzendecke der Brache aber entwickeln sich das ganze Jahr unterschiedliche Strukturen, so daß die Artenzahl auf mehr als das Zehnfache verglichen mit Acker und Wiese ansteigen kann. Besonders auffällig ist das Insektenleben auf den Blüten. Eine solche Brache ist aber nicht nur ein Eldorado für Schmetterlinge und Käfer; in den offenen Sandflächen, die sich im Sommer auf über 50°C aufheizen können, bauen z. B. Solitärbienen und Sandwespen ihre unterirdischen Röhren und ziehen darin den Nachwuchs auf.

Tour 20
Von Friedrichsruh nach Aumühle – Bismarck auf Schritt und Tritt

Anfahrt zum Bh. Friedrichsruh
Bahn Strecke Hamburg–Berlin
Pkw über B 207 von Schwarzenbek
oder Bergedorf zur B 404 nach
Aumühle bzw. Friedrichsruh
Wanderstrecke und Profil
ca. 3 km/1 Std. bei nur geringen
Steigungen
Orientierung Hinweg
der Ausschilderung »Schmetterlings-
garten« entgegengesetzt folgen!
Rückweg: z. T. »6« an Bäumen, aber
mangelhafte Auszeichnung
Ausgangspunkt
Bahnhof Friedrichsruh
Rast Bänke am Weg
Einkehr
Gasthöfe in Friedrichsruh und
Aumühle

Von Friedrichsruh bis Aumühle sind es nur wenig mehr als 1 km, ein kurzer Fußweg, und doch vielleicht ein Aufenthalt für einen ganzen Tag? Schon die Traumlandschaft mit künstlichen Seen und tropischen Gewächsen im Schmetterlingsgarten lädt zum längeren Schauen ein; im Duftgarten verwöhnen die Gerüche, und der »Singende Wassergarten« ist einmalig in Deutschland. »Das Auge ist der Spiegel der Seele, aber das Ohr ist das Tor zur Seele«, sagt ein indisches Sprichwort. In Friedrichsruh denkt man aber auch an Bismarck, den Reichskanzler und großen Staatsmann, den eigentlichen Gründer des Deutschen Reiches.

Vom Bahnhofsvorplatz gelangt man rechts zum 1951 eröffneten Bismarck-Museum im »Alten Landhaus«. In diesem Ort verbrachte der »Alte vom Sachsenwald« über 20 Jahre seines Lebens. In neun gepflegten Räumen ist eine würdige Erinnerungsstätte an den Fürsten geschaffen worden. An der Mauer des Schloßparks entlang geht es zum Garten der Schmetterlinge (s. Tierle-

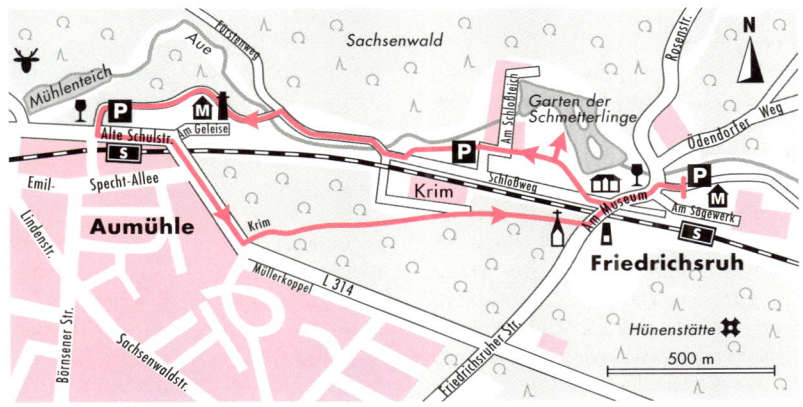

klusive Adresse für gutes Essen. Die »Alte Schulstraße« führt über die S-Bahn-Gleise nach Dassendorf. Nach kurzem Weg an der vielbefahrenen Straße entlang geht es links, dem Schild Krim folgend, in den Wald. Etwa 100 m vor den Gebäuden führt ein schmaler Weg nach rechts, eine »6« steht an den Bäumen (diese Pfade sind nicht gut ausgebaut, und wer Waldwege scheut, sollte den oben beschriebenen Kiesweg zurückgehen). Ein steiler Weg führt auf die Gleise zu, und zwischen diesen und einem hohen Zaun kommt man nach Friedrichsruh zurück. Der Zaun umgibt einen Park mit dem Bismarck-Mausoleum. Hier sind Fürst Otto von Bismarck, seine Frau und Nachfahren beigesetzt. Diese Stätte ist täglich zu besichtigen. Auf einer Anhöhe gegenüber steht eine Hirschgruppe, die Bismarck von »dankbaren Anhaltinern« geschenkt wurde, dahinter befindet sich das höchste Hügelgrab des Sachsenwaldes.

Kulturgeschichte

Der Sachsenwald vor den Toren Hamburgs ist das größte geschlossene Waldgebiet Schleswig-Holsteins mit etwa 6000 ha Fläche. Es gehörte 500 Jahre zum Besitz der Askanier (den Herzögen von Sachsen–Lauenburg), daher sein Name. Zahlreiche archäologische Funde (die meisten der ganzen Gegend) wie die beiden Langsteingräber (»Riesenbetten«) zwischen Friedrichsruh und Dassendorf beweisen frühe Besiedlung. Erst in der Zeit der Völkerwanderung war das Gebiet menschenleer, und die Gewässer, Moore und Erlenbruchwälder an den Rändern setzten den westwärts wandernden Stämmen Hindernisse entge-

ben). Das Schloß selbst wird von Nachfahren des Reichskanzlers bewohnt und ist der Öffentlichkeit nicht zugänglich. Vom Parkplatz führt ein breiter Kiesweg über die Aue in den Sachsenwald. Folgen Sie den Schildern »Schmetterlingsgarten« entgegengesetzt, dann gelangen Sie nach kurzer Zeit zu Aumühles erstem Haus im Wald, dem Eisenbahnmuseum. Sonnabends und sonntags werden in diesem ehemaligen Lokschuppen der Deutschen Bundesbahn historische Fahrzeuge, Dampf- und Dieselloks, Personen- und Güterwagen gezeigt, und man hat Gelegenheit, den ehrenamtlichen Mitarbeitern über die Schultern zu schauen, wenn sie die »rollenden Zeugnisse technischer Vergangenheit« wieder ansehnlich und betriebssicher machen.

An der Reitschule vorbei kommt man zum Mühlenteich. Hier liegt die etwa 650 Jahre alte Kornwassermühle an der Au, die eigentliche Au-Mühle, heute als »Bismarck-Mühle« eine exgen. Später war der Wald Grenzgebiet zwischen den westlichen Germanen und östlichen Slawen. Als Limes Saxoniae baute Karl der Große diese natürliche Grenze östlich des heutigen Sachsenwaldes aus (s. Tour 15).

Die Sammlung des Bismarck-Museums enthält alle historischen Dinge, die den Krieg überstanden haben, wie Briefe, Handschriften, Dokumente, wertvolle Porzellane und Geschenke aus aller Welt. Das Arbeitszimmer ist historisch getreu wieder aufgestellt worden, im Eingangsraum kann man eine schöne, alte Standuhr bewundern.

Erdgeschichte

Das Gebiet des Sachsenwaldes gehört zur Altmoräne, d. h. die abgelagerten Gesteine, Sande und Tone stammen schon aus der Saaleeiszeit. Die ruhige Oberfläche der Landschaft entstand aber erst in der Weichseleiszeit, als sich die Altmoräne im Gletschervorfeld befand und größere Höhen im damaligen rauhen Tundrenklima abgetragen, Seen zugeschwemmt und Hänge abgeflacht wurden. Die Altmoräne hat durchschnittliche Höhen zwischen 40 und 50 m über N.N., ihr Steilufer zur Elbe zeigt mehrere Erosionstäler wie die Dallbeckschlucht und das Bistal (s. Tour 18).

Pflanzenwelt

In einem 260 m² großen Gewächshaus entstand 1992 der »Singende Wassergarten«. Durch Bambusrohre und einen Wasserfall rauscht, plätschert und murmelt das Wasser in drei miteinander verbundene Teiche. Das Wasser bewegt Bambusobjekte, die eine exotische Klangwelt erzeugen. Bei der Gestaltung des Gartens wurde fernöstliche Gartenkunst mit weißen

und roten Kamelien, Bambus und Zierahorn eingesetzt. In den Teichen schwimmen japanische Koikarpfen zwischen Lotusblumen. Der Duftgarten auf dem Außengelände umfaßt über 80 bekannte und weniger bekannte Duftpflanzen. Auf tiefergelegten Wegen wird der Besucher direkt mit der Nase an die Pflanzen herangeführt. So kann man zu jeder Jahreszeit den Duft der unterschiedlichsten Sträucher, Zwiebelgewächse und Stauden »erriechen«.

Tierleben

Der Schmetterlingsgarten ist in Norddeutschland bisher einmalig, er wurde 1985 eröffnet und gehört der Familie von Bismarck. Die »Traumlandschaft« mit künstlichen Seen, Wasserfällen und vielen tropischen Pflanzen ist in einem großen Gewächshaus untergebracht. Hier kann man aus nächster Nähe Hunderte von tropischen Schmetterlingen in elegantem Flug erleben und ihre Schönheit bewundern oder auch das Schlüpfen der Gaukler der Lüfte aus ihren Puppen in gesonderten Brutkästen beobachten. Heimische Schmetterlinge gibt es in einem zweiten Gewächshaus. Das Gartengelände rundherum soll den Besucher anregen, seinen Garten schmetterlingsfreundlich anzulegen mit Futterpflanzen, deren Blätter den Raupen als Nahrung dienen können, und Blüten, die Nektar für die ausgewachsenen Insekten enthalten.

Tip: Wenn Sie mit dem Auto angereist sind, sollten Sie einen Abstecher zur Grander Mühle, einer alten Wassermühle, einplanen. Hier ist es nicht nur sehr schön, man kann im Restaurant nebenan auch ausgezeichnet essen.

Im Naturpark Schaalsee

Die menschenfeindliche innerdeutsche Grenze schloß mit Todesstreifen, Minenfeldern und Streckmetallzäunen fast jegliches Betreten der heutigen Naturparklandschaft aus. Zu den hermetisch abgeschlossenen Räumen hatten nur wenige Menschen Zutritt, und auch diese nur unter stetiger Bewachung. Erstmals nach Jahrzehnten wurden im November 1989 die abgesperrten Flächen wieder zugänglich. Damit standen auf der mecklenburgischen Seite der ehemaligen Grenze wieder die Bereiche zur Verfügung, die in den Jahren vor 1945 bevorzugte Erholungs- und Wandergebiete zwischen Hamburg, Schwerin und Lübeck waren. Weitsichtige Naturschützer erkannten zugleich aber auch die Gefahr, die von dem sich anbahnenden, ungehemmten Tourismus für die hier erhalten gebliebene Natur ausging. Sie forderten von der letzten DDR-Regierung, die Gebiete mit besonders wertvoller Ausstattung unter Schutz zu stellen und weiträumig durch Landschaftsschutzgebiete zu sichern. Daraus entstand mit einer Verordnung vom 12. September 1990 der jetzige, 16 200 ha große Naturpark Schaalsee als ein letztes Erbe der DDR.

Dem Charakter dieser weitgehend »heilen« Landschaft entsprechend, sind bisher noch keine versiegelten Rad- und Wanderwege angelegt worden. Auch steht einem solchen Vorhaben der teilweise noch ungeklärte Eigentumsanspruch früherer Grundbesitzer entgegen. So wandert der Naturfreund auf Pfaden, die vorwiegend alten Feldwegen folgen oder sich auf den früheren Grenzwegen gebildet haben. Sie sind nicht immer bequem, doch bieten sie in unserer bewegungsarmen Zeit einen wertvollen Ausgleich zum stundenlangen Fahren mit dem Auto auf überfüllten Straßen. In diesem Sinne sollte der Besucher des Naturparks die Wege unter die Füße nehmen und sich die Landschaft erschließen. Der Rat des Heidedichters Hermann Löns »Laß Deine Augen offen sein...« (s. S. 50), gilt wie für die Heide und den Lauenburgischen Naturpark auch für den Schaalsee: Aber genau betrachtet, sollte sich jeder Wanderer überall in der Natur diese Worte zum eigenen Leitspruch machen.

Die beiden Naturparks Lauenburgische Seen und Schaalsee gehören zwar zu zwei Bundesländern, unterscheiden sich aber nicht in geologischer oder biologischer Sicht. Darum haben die Autoren dieses Landschaftsführers die Einführung in das Gebiet der beiden Naturparks gemeinsam verfaßt und verweisen hier auf die Seiten 9 - 25.

Tour 21
Zur Ausstellung der Naturparkverwaltung, zur Insel Stintenburg und zum Kampen-Werder

Anfahrt nach Lassahn
Pkw von der A 24 Abfahrt Kölzin nach Zarrentin, aber gleich nach dem Bahnübergang rechts nach Lassahn fahren. Am Ortseingang nach links abbiegen, dann ca 500 m durch den Wald zum P
Wanderstrecke
bis zur Naturparkverwaltung ca. 400 m, zum Kampen-Werder-Westufer ca. 3 km/1 Stunde
Orientierung Karte S. 105
Infotafel am Parkplatz und vor der Naturparkverwaltung
Rast Bänke an der Parkverwaltung
Einkehr Gaststätten in Lassahn, Fischerei auf der Stintenburg-Insel vor der Parkverwaltung, Fischerei in Lassahn-Nordende

Vom Parkplatz führt ein Damm zur Insel Stintenburg. Ein weiterer Damm verbindet diese mit dem großen Kampen-Werder (Werder = Insel). Er ist mit Linden gesäumt. Am Ende dieser Allee führt eine Brücke über einen Durchstich, der es dem Fischer ermöglicht, mit dem Boot vom Borgsee (links) in den Lassahner See (rechts), zwei der vielen Buchten und Teilseen des Schaalsees, zu gelangen, ohne den Kampenwerder umfahren zu müssen. Rechts vom Damm liegt eine kleine, langgestreckte Insel, die den geheimnisvollen Namen »Andinens Ruh« trägt. Andine soll ein Jagdhund

des Grafen Bernstorff gewesen sein, der dort begraben wurde. Links, gleich hinter der Brücke, steht das Fachwerkgebäude der alten Försterei. Heute ist hier der Fischerhof, bei dem man in der Saison den sehr gut geräucherten Schaalseefisch kaufen und probieren kann. Nach wenigen Schritten erreicht man den von einer Mauer umschlossenen Park. Er enthält einen sehr alten Bestand von Eichen, Rotbuchen, verschiedenen Ahornarten und Platanen. Auch ein uralter Buchsbaum ist hier zu finden. Das Schloß ist im klassizistischen Stil zu Beginn des 19. Jahrhunderts über einem Barockbau errichtet. Das davor befindliche, langgestreckte Barackengebäude ist der Sitz der Naturparkverwaltung Schaalsee. Von hieraus werden die Schutzkonzepte verwirklicht und eine breite Öffentlichkeitsarbeit betrieben. Ihr Kernstück ist die ständige Informationsausstellung. Aus der Fülle der vorhandenen Lebensräume werden die Seen, Moore, Hecken und Buchenwälder vorgestellt. Der Wanderer erfährt viel über die erhaltenswerte Tier- und Pflanzenwelt und die Gefahren, die sie bedrohen. Darüber hinaus stehen die Mitarbeiter für Auskünfte zur Verfügung. Von ihnen kann man auch zusätzliche Hinweise zu Routen und Ausflugszielen erhalten. Gegen eine geringe Schutzgebühr sind Schriften mit Übersichtskarten über den Naturpark erhältlich.

Weiter zum Kampen-Werder verläßt man den Park wieder durch das Tor, wendet sich nach links an einer Informationstafel vorbei und geht entlang der Parkmauer. An deren Ende beginnt der Damm zum Kampen-Werder. Von hier bieten sich gele-

dem Hang heraus ragen große Steine. Zum Teil sind sie zum Ufer hinunter gerollt. Einige der Buchen sind bereits abgestorben. In Ihren Spalten und Höhlen leben viele Vögel, aber auch Fledermäuse und Insekten.

Kulturgeschichte

Im 18. Jahrhundert war der Dichter Friedrich Gottlieb Klopstock (1724 - 1803) Gast auf der Stintenburg. In seinen Werken findet man die Ode ›Stintenburg‹. In ihr verherrlicht der Dichter das Erlebnis der Schaalseelandschaft:

„Insel der froheren Einsamkeit,

Geliebte Gespielin des Wiederhalls

Und des Sees, welcher itzt breit, dann versteckt

Wie ein Strom, rauscht an des Waldes Hügeln umher,

Selber von steigenden Hügeln voll,

Auf denen im Rohr die Moräne weilt,

Sich des Garnes Tücke nicht naht und den Wurm

An dem Stahl, leidend mit ihm, ferne beklagt.

Flüchtige Stunden verweilt' ich nur

An deinem melodischen Schilfgeräusch:

Doch verläßt nie dein Phantom meinen Geist,

Wie ein Bild, welches mit Lust Geniushand

Bildete, trotzt der Vergessenheit.....«

gentliche Durchblicke auf den Schaalsee bzw. seine beiden Buchten, Borg- und Lassahner See. Rechts liegt nun eine Streuobstwiese, die wegen ihres Bestandes an alten Apfelsorten und wegen der Brutmöglichkeiten für Höhlenbrüter besonders schützenswert ist. Geht man weiter, so kommt man nach ca 200 m, eine ziemliche Steigung überwindend, auf einer Pflasterstraße zu dem zum Schloß Stintenburg gehörenden Wirtschaftshof. Vorbei an zwei Landarbeiterhäusern gelangt man, auf einem unbefestigten Weg zwischen den Feldern hindurch, nach etwa 1 km zum Wald und weiter zum Westufer des Werders. Zunächst muß man einen ziemlich reizlosen Fichtenwald passieren. Dann aber ist der alte, bodenständige Rotbuchenhochwald erreicht, der sich einen sehr steilen Hang zum Ufer hinab erstreckt. Die Buchen sind mehrere hundert Jahre alt. Aus

Mit der »Moräne«, die »sich des Garnes Tücke nicht naht«, ist die heute noch beliebte Maräne gemeint, die als Unterart Schaalseemaräne in diesem See bodenständig ist. Die starke, etwa 400 Jahre alte Eiche, die unmittelbar am Seeufer am Beginn der Lindenallee zum Schloß steht (Parkplatz), wird Klopstock-Eiche genannt, weil der Dichter gerne unter ihr gesessen haben soll.

Das Schloß Stintenburg war seit dem 18. Jahrhundert bis 1945 im Besitz der Grafen Bernstorff. Der letzte Besitzer von Stintenburg, Graf Albrecht von

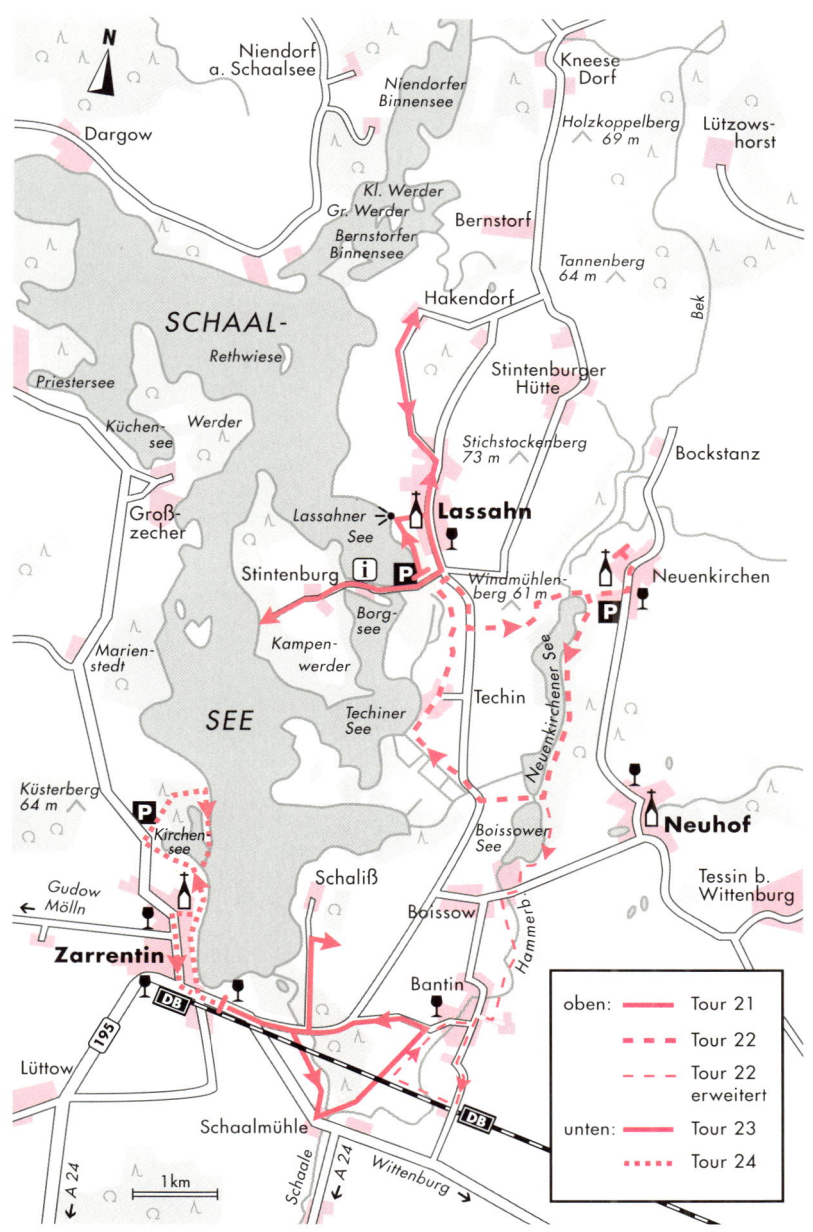

N

Niendorf
a. Schaalsee

Niendorfer
Binnensee

Kneese
Dorf

Holzkoppelberg
69 m

Lützows-
horst

Dargow

Kl. Werder
Gr. Werder

Bernstorf

Bernstorfer
Binnensee

SCHAAL-

Rethwiese

Hakendorf

Tannenberg
64 m

Bek

Stintenburger
Hütte

Priestersee

Werder

Stichstockenberg
73 m

Bockstanz

Küchen-
see

Lassahner
See

Lassahn

Groß-
zecher

Stintenburg i P

Windmühlen-
berg 61 m

Neuenkirchen

Borg-
see

Marien-
stedt

Kampen-
werder

Techin

Neuenkirchener See

SEE

Techiner
See

Küsterberg
64 m

P

Kirchen-
see

Boissower
See

Neuhof

Gudow
← Mölln

Schaliß

Tessin b.
Wittenburg

Zarrentin

Baissow

Hammerb

Bantin

Lüttow

195

DB

Schaalmühle

DB

← A 24

Schaale

A 24

Wittenburg →

1km

oben:	Tour 21
unten:	Tour 22
	Tour 22 erweitert
	Tour 23
	Tour 24

105

Bernstorff, wurde im April 1945 von der Gestapo ermordet. Zu seiner Erinnerung errichteten Angehörige der Familie ein Gedenkkreuz, das auf dem Rasen vor dem Schloß steht. Ein Gedenkstein an der Straße von Lassahn zum Parkplatz, rechts an der Böschung, berichtet vom Dammbau Ende des 19. Jahrhunderts und seinem Bauherrn.

Erdgeschichte

Den zahlreichen großen Geschiebeblöcken aus den unterschiedlichsten Mineralien wird der Wanderer im gesamten Schaalseegebiet begegnen. Sie sind Zeugen der letzten Vereisung Norddeutschlands, der Weichselvereisung.

Pflanzenwelt

Im Frühjahr kann man bereits auf dem Damm unter den Linden botanische Entdeckungen machen. Hier findet man einzelne Horste des Gelben Windröschens (Gelbe Anemone). Auch das zartduftende Moschuskraut steht hier. Am Westufer des Kampen-Werder findet man unter den Buchen die blaublütigen Leberblümchen. An feuchten Stellen wächst die Kesselfalle des Aronstabes, dessen blasenförmige Hochblätter Insekten gefangenhalten und erst freilassen, wenn sie die Blüten bestäubt haben.

Tierleben

Besonders auffallend sind die vielen Wasservogelarten. An beiden Seebuchten wird man vom Frühjahr bis zum Sommer Graugänse beobachten können. Den Ruf des Kranichs hört man besonders in den Morgenstunden weithin schallen, und nicht selten sieht man den Rufer fliegend oder Nahrung suchend in der Umgebung von Lassahn. Ständig halten sich Grau-

reiher und Kormorane in der Nähe der Fischerei auf. Tafel-, Stock- und Reiherenten, Haubentaucher und Bleßrallen sind immer zu beobachten. Mit sehr viel Glück bekommt man auch die sehr seltene Kolbenente zu Gesicht, die in einigen Exemplaren auf dem Schaalsee brütet.

Anschluß- und Erweiterungstour: 21a Zur Kirche von Lassahn

Wanderstrecke
> **Bis zur Kirche ca. 1 km, kehrt man durch den Ort zum Parkplatz zurück, beträgt die Gesamtstrecke 3,5 km/etwas mehr als 1 Stunde bei nur geringen Höhenunterschieden**

Orientierung
> **Informationstafel am P**

Rast   Sitzgruppe an der Badestelle
Einkehr Fischerei Lassahn

Von der Stintenburg-Insel kommend, wendet man sich am Parkplatz nach links. Die Wanderung verläuft auf einem noch mit Betonelementen versehenen sog. Kolonnenweg, der Fahrzeugtrasse der Grenzbewacher. Links davon verlief der wie eine Gasse in den Uferwald geschlagene Todesstreifen. Er wurde durch Behandlung mit Herbiziden frei von aller Vegetation gehalten. Die natürliche Begrünung (Sukzession) hat diese Narbe in der schönen Schaalseelandschaft schon fast wieder geschlossen. Der Betonweg führt an einigen Teichen vorbei. Der Boden ist quellig und manchmal naß. Nach etwa 400 m erreicht man den Anlegeplatz der Ruderboote der Lassahner Wassersportfreunde. Hier hat man einen schönen Blick auf den

Schaalsee. Eine Sitzgruppe an der etwas weiter rechts liegenden Badestelle lädt zur Rast ein. Noch schöner
ist die Aussicht, wenn man die Anhöhe
hinaufsteigt. Der Weg ist recht steil
und bei nassem Wetter rutschig. Man
wird jedoch durch einen zauberhaften Blick auf den See, die Insel Stintenburg mit der Lindenallee auf dem
Damm und die große Insel Kampen-
Werder belohnt. Auch hier lädt eine
Bank zum längeren Verweilen ein.
Wendet man sich um, so sieht man auf
die Kirche von Lassahn, mit dem gol-
denen Wetterhahn auf dem Turm, und
den Friedhof. Nach rechts und links erstreckt sich das Dorf, von Bäumen ver-

borgen. Man erkennt von der Anhöhe
einen Weg, der zum Dorf und zur
Kirche führt. Nach Verlassen der Aussicht geht man den Berg hinunter und
in den von oben erkannten Weg hinein, der sich, manchmal hohlwegartig
eingeschnitten und von Hecken gesäumt, in sanfter Steigung etwa 300 m
bis zur Kirche hinschlängelt. Will man
das Innere der alten Kirche besichtigen, sollte man sich vorher im Pfarrhaus anmelden. Neben der Kirche
liegt eine gut geführte Gaststätte.

Man kann nun den Rückweg durch
das Dorf antreten. Leider sind die
Gebäude am Südende des Dorfes bis
auf ein altes Forsthaus hinter einer

efeuumsponnenen Fichte recht reizlos. Hinter dem letzten Wohnblock auf der rechten Seite biegt man wieder in die von Platanen gesäumte Pflasterstraße zum Parkplatz ein. Achten sollte man auf den Gedenkstein auf der linken Straßenseite, gleich hinter der Schlucht.

Kulturgeschichte

Die Dorfkirche weist einen älteren Chorteil aus Feldsteinmauerwerk und einen jüngeren Fachwerkteil mit Turm auf. Ersterer dürfte aus dem 13./14. Jahrhundert, letzterer aus dem 16./17. stammen. Nach 1990 wurde die gesamte Kirche restauriert. Vom Friedhof bietet sich ebenfalls ein schöner Blick auf den Schaalsee. Sehenswert ist hier die Begräbnisstelle der Familie von Bernstorff.

Lassahn ist ein langgestrecktes Straßendorf. Im Nordteil gibt es noch einige der landschaftstypischen Bauernhäuser mit den schönen Reetdächern (Reet = Schilfrohr). In ihnen ist meist noch die große Diele erhalten, auf der früher die Erntewagen entladen, auf der aber auch Feste gefeiert wurden. Unter dem Reetdach war die ganze bäuerliche Wirtschaft vereinigt; hier standen Kühe und Pferde, lebten die Menschen ihr einfaches Leben. In den mecklenburg-vorpommerschen Freilichtmuseen (Schwerin-Mueß, Schönberg, Klockenhagen) wird ein Bild des Lebens unter diesen Dächern vermittelt.

Hier am Nordende des Dorfes sieht man noch handgesetzte, ohne Mörtel gefügte Mauern aus den eiszeitlichen Geschieben. Sie umfrieden die Gehöfte.

Pflanzenwelt

Unter den Neu- oder besser Wiederbesiedlern des »Todesstreifens« erkennt der Wanderer die am Seeufer stehenden Gehölze, Erlen, Weiden, Eschen, wieder, die in die quelligen Bereiche vordringen. Auf den feuchteren Lehmböden wachsen Weidenröschen, Schilf und Binsen. An besonders nassen Stellen auf den Betonplatten entwickeln sich kleinere Flächen des Brunnenlebermooses. In den Teichen findet man Breitblättrigen Rohrkolben, Froschlöffel und Pfeilkraut. Die Wasseroberfläche ist stellenweise mit den Schwimmblättern des Froschbiß bedeckt, und die schönen Blütenstände der Wasserfeder bilden über den feingefiederten Unterwasserblättern ausgedehnte Beete.

Tierleben

Die Teiche sind im Frühjahr Laichplätze für Moorfrösche und Erdkröten. Hier paaren sich auch die lebhaft gefärbten kleinen Teichmolche und ihre größeren Verwandten, die Kammolche. Im späteren Frühjahr hört man an warmen Tagen das »Läuten« der Rotbauchunken. Auch der zierliche Laubfrosch hat in den Tümpeln seine Kinderstube. Im Spätsommer kann man die schön grün gefärbten Tiere auf den Brombeerblättern ein Sonnenbad nehmen sehen. Die »Froschkonzerte« der warmen Frühlingsnächte werden hauptsächlich von den Laubfröschen bestritten, gelegentlich von einem Solo der Wechselkröte, einem trillernden Ton, untermalt. In den buschreichen Senken singt in den Sommernächten, aber auch bei Tage, die Nachtigall. Sie kommt hier, im Süden des Naturparks, zusammen mit dem recht ähnlichen Sprosser vor. Im Norden wird die Nachtigall seltener, meist ist dort nur noch der Sprosser zu hören.

Tour 22
Zum Lehrpfad am Neuenkirchner See

Anfahrt nach Lassahn wie Tour 21
Pkw zum P an der Kirche Lassahn oder
      vor der Stintenburg-Insel bzw. zum
      P an der Gaststätte Neuenkirchen
Rad als Radwanderung mit Tour 23
      kombinieren
Wanderstrecke
      je nach Routenwahl 3 km/ 1 Std.
      oder 8 bis 11 km/3 bis 4 Std.; teils
      leichte Anstiege.
Orientierung Karte S. 105
      s. Informationstafel des Naturparks,
      grüne Hinweisschilder mit Richtungs-
      und Entfernungsangaben, gelegent-
      liche Hinweise auf „Gasthaus zum
      See" in Neuenkirchen
Rast einige Ruhebänke unterwegs
Einkehr „Gasthaus zum See", Neuenkirchen

Ausgangspunkt ist der Ortsausgang nach Zarrentin. Etwa 300 m hinter der S-Kurve biegt man nach links in einen Heckenweg. Ein grüner Wegweiser gibt die Richtung Neuenkirchen an. Nach nicht ganz 1 km wird eine Ruhebank unter einer Eichengruppe auf dem westlichen Wall des Neuenkirchner Os-Zuges erreicht. Man folgt dem weiteren Weg und durchquert den Wall. Ein grüner Richtungspfeil weist den Weg hinab in das Tal der eiszeitlichen Rinne des Neuenkirchner Sees. Nach einigen hundert Metern zeigen den Weg säumende Erlen an, daß der See nicht weit ist. Ein Graben wird auf einer Steinbrücke überquert. Es ist der spätere Hammerbach. Gleich hinter der Brücke kann man an den See herantreten. Hier lohnt der

Blick auf den Neuenkirchner See und das Vogelleben. Im weiteren Wegeverlauf informiert eine Lehrtafel über geologische Besonderheiten des Gebietes. Rechts davon ist ein kleiner Parkplatz und eine Informationstafel des Naturparks. Der Weg nach Neuenkirchen führt am Friedhof und der alten Kirche vorüber. Auch die alte Schule von Neuenkirchen bleibt zur Linken liegen. Man erreicht nach ca. 300 m den Ort bei der Gaststätte zur eventuellen Einkehr.

Wieder zur Informationstafel zurück, führt der Lehrpfad am Neuenkirchner See (mit Badestelle) entlang. Nach etwa 1,5 km gelangt man zum Ende des Sees. Hier tritt der Hammerbach aus. Er durchfließt einen Bruchwald. Bevor man den Pfad zur Brücke über den Hammerbach nach rechts einschlägt, sollte man noch ein paar Meter weiter auf dem Weg nach Boissow bis zu einem gedeckten Beobachtungsstand (mit Lehrtafel zu den Wasservögeln auf dem Boissower See) gehen. Hier kann man, für die Tiere unsichtbar, von einer Bank aus das Vogelleben betrachten. Nun geht es endgültig über den Hammerbach zurück. Der Weg führt gleichsam durch einen Hohlweg auf den Wallrücken hinauf und, links – von einer neuangelegten Hecke begleitet – zur Chaussee Zarrentin Lassahn. Kurz vor der Straße sind mehrere säulenartige Findlingsfragmente aufgerichtet. Wenn man die Straße schräg überquert, gelangt man in den Weg nach Techin. Ein grüner Weiser leitet den Wanderer. Besonders an heißen Sommertagen ist es ein feucht-schattiger Pfad, der an nassen Stellen über einen Bohlenweg

nach Techin führt. Man erreicht das Dorf am Schaalsee, hat schöne Ausblicke auf Kampen-Werder und die Techiner Hörsten. Auf dem Schulweg, links, bald hinter dem Transformatorenhaus am Dorfanger beginnend, erreicht man Lassahn.

Tourenerweiterung

Das für Naturfreunde interessante Hammerbachtal kann noch weiter in Richtung Bantin begangen werden. Radwanderer gewinnen hier Anschluß an Tour 23.

Kulturgeschichte

Die Kirche in Neuenkirchen weist zwei Bauphasen auf. Auch hier findet man den Chor aus Feldstein und einen jüngeren Fachwerkteil, z.T. mit Backsteinmustern. Unter der südlich neben dem Chor liegenden »Gerbekammer« ist ein Erbbegräbnis, durch dessen Lichtlücke man in die Gruft blicken kann. Um das Innere der kleinen Kirche besichtigen zu können, bedarf es der Genehmigung des Pastors in Lassahn. Manchmal ermöglichen auch die Wirtsleute der Gaststätte eine Besichtigung. Man sollte sich auf jeden Fall bei ihnen erkundigen. Östlich der Kirche liegt das alte Schulhaus. In ihm hat ein Künstlerehepaar ein Werbeatelier und eine Galerie eingerichtet. Wendet man sich von der Gaststätte nach links und geht die Straße ein Stück hinunter, so gelangt man zu einem größeren Hof, und diesen rechts liegenlassend kommt man zu einem Wiesengelände. Links erkennt man einen von einem Ringgraben umgebenen Turmhügel, einen Wehrturm aus dem 14./15. Jh., die Eulenburg. Der Grabenring öffnet sich zur Neuenkirchener Seenrinne, in der in nassen Jahren Wasser steht und den Ringgraben füllt.

Erdgeschichte

Der Neuenkirchner See ist ein langgestreckter Rinnensee. Er wird von der Beek, dem späteren Hammerbach, durchflossen und ist durch ein auwaldähnliches Gebiet vom Boissower See getrennt. Beiderseits dieser Rinne, die die beiden Seen enthält und sich im Hammerbachtal fortsetzt, liegen Wallrücken. Diese Oser sind, besonders bei Neuenkirchen, als eine Reihe aus dem feuchten Wiesengelände aufsteigender bis 25 m hoher bahndammähnlicher Hügel zu erkennen. Einen besonders schönen Blick auf diese geologischen Bildungen hat man von der Stelle vor der Kirche, wo die erste Tafel des Lehrpfades steht, die auch weitere Erklärungen gibt.

Pflanzenwelt

Auf dem mitten in der Feuchtwiese liegenden Hügel findet man einen ausgeprägten Magerrasen mit der entsprechenden Flora. Auffallend ist das Vorkommen der Kleinen Eberwurz oder Golddistel, der Berg-Jasione, des Hauhechel und verschiedener Habichtskräuter. Im Neuenkirchner See gibt es in bemerkenswerter Menge die Weiße Seerose. Sie ist infolge des hohen Nährstoffeintrags aus der umgebenden Landwirtschaft im Rückgang

begriffen und wird von der Gelben Teichrose, der Mummel, abgelöst, die nährstoffreiche Gewässer liebt.

Tierleben

Auf der Magerflur des Os ertönen die zirpenden »Gesänge« zahlreicher Heuschreckenarten. Sie dienen den hier vorkommenden, wärmeliebenden Zauneidechsen als bevorzugte Nahrung. Auf dem See kann man im Frühjahr die interessante Balz des Haubentauchers beobachten, die mit Kopfschütteln, Nicken und Abspreizen der Haube einhergeht. Bei einigem Glück entdeckt man das zwischen den Rohrhalmen schwimmende Nest und den brütenden Taucher.

Tour Nr. 23
Zur Schaalmühle und zu den bronzezeitlichen Hügelgräbern bei Schaliß

Anfahrt nach Zarrentin
Bahn, bis Zarrentin zur Parkmöglichkeit
Bus, vor der Gaststätte am Ortseingang
Pkw (von Wittenburg her) vor Zarrentin
nahe des Bahnübergangs
Wanderstrecken
Parkplatz bis Schaalmühle ca. 2 km/
1 Std.; Parkplatz bis Schaliß
ca. 4 km/1,5 Std., Schaalmühle bis
Schaliß über Bantin ca 8 km/3 Std.
Orientierung Karte S. 105
Hinweisschilder
Rast gelegentliche Ruhebänke
Einkehr Gaststätten in Zarrentin

Vom Parkplatz wendet man sich zur Straße nach Lassahn. Nach ca. 400 m überquert man diese nach rechts und geht in Richtung des grünen Weisers. Man unterquert die Bahnlinie Zarrentin–Hagenow gleichzeitig mit der Schaale, die nun links vom Weg in Sichtweite bleibt. Man wandert durch das Wiesental in Richtung der Chaussee Zarrentin–Wittenburg. Hat man sie erreicht, biegt man nach links in den Weg zur Mühle ein. Am rechten Wegesrand sieht man ein geschnitztes »Naturparksignet« mit dem Wappen von Mecklenburg-Vorpommern und dem Logo des Naturparks. Das Mühlengehöft wurde bereits im 16. Jahrhundert erwähnt und die Mühle bis in die 70er Jahre betrieben. Hier wird die Schaale gestaut und unter dem Mühlengebäude hindurchgezwungen, wo sie eine Turbine trieb. Wenn es der

freundliche Besitzer des Grundstücks erlaubt, kann man auch einen Blick hinter das Mühlengebäude werfen, wo sich die Schaale mit dem Hammerbach vereinigt. Nach eventueller Rast unter den Erlen vor der Mühle könnte der Rückweg auf demselben Wege angetreten werden.

Man kann jedoch von hier aus über Bantin nach Schaliß wandern. Dazu geht man von Schaalmühle in Richtung Bahndamm und überquert diesen am Streckenwärterhaus. Ein Feldweg führt nach Bantin. Wendet man sich auf der bald erreichten Straße nach links, erreicht man die Chaussee Zarrentin–Lassahn in einer rechtwinkligen Kurve. Weiter geht es jetzt in Richtung Zarrentin, vorbei an einem Wasserwerk. Bald dahinter führt ein mit grünem Hinweisschild gekennzeichneter Weg nach rechts durch den Kiefernwald auf einem trockenen Sander nach Schaliß. Zu beiden Seiten des Weges erkennt man niedrige Hügel im Kiefernbestand. Es sind Hügelgräber aus der Bronzezeit. Im Walde versteckt liegen über 20 davon. Nach dem Verlassen des Waldes geht man auf einem sandigen Weg entlang, der an der rechten Seite eine Böschung hat, die mit typischem Trockenrasen bewachsen ist. Links liegen teilweise schilfige Feuchtwiesen. Sie gehen in das Ufer des Schaalsees über. Schon auf dem Weg, aber erst recht nach Erreichen der Badestelle bei Schaliß hat man über den Schaalsee einen schönen Blick auf die Stadt Zarrentin mit der Klosteranlage und der Kirche. Wenn man sich von der Badestelle nach rechts wendet, gelangt man auf einem von einer Hecke gesäumten

Weg zu einem Hainbuchenwäld-chen. Hier befinden sich viele Hügel-gräber. Ungezählte Feuersteinsplitter liegen auf ihnen verstreut, und im Frühjahr sind sie von Maiglöckchen überwachsen.

Um den Rückweg auf der Land-straße zu vermeiden, geht man am be-sten wieder bis zum Kiefernwald zu-rück, wendet sich aber dort nach rechts in einen mit grünem Hinweis-schild ausgewiesenen Wanderweg. Er führt zunächst noch durch den Kie-fernwald auf Sandboden, geht aber in die Flußaue der Schaale über und überquert die Schaale auf einer Holz-brücke. Der Weg läuft zunächst neben der Schaale her, dann am Schaalsee-ufer und erreicht bei der Badeanstalt von Zarrentin den Sportplatz. Hier biegt man in den schwarzen Weg nach links ein und gelangt über eine Treppe

nach oben zum Parkplatz zurück.

Andere Streckenführung

Man kann vom Parkplatz Zarrentin entgegengesetzt der beschriebenen Tour wandern, gelangt so auf kürze-rem Wege (nur knapp 2 km) zur Bade-stelle Schaliß und den Hügelgräbern und bleibt auch auf dem Rückwege dann wieder am landschaftlich schö-nen Schaalseeufer.

Erdgeschichte

Auf dem Grunde der Schaale fallen weiße Ablagerungen von Seekreide auf. Sie entsteht aus Kalkabschei-dungen von Armleuchtergewächsen am Grunde des Schaalsees. Bis in jüng-ste Zeit wurde diese Seekreide in Sti-chen, die links des Wanderweges lie-gen, abgebaut. Man kalkte damit die Äcker, und es ist sehr wahrscheinlich, daß mit dem aus ihr gebrannten Kalk die Steine des Zarrentiner Klosters und anderer Gebäude des mittelalter-lichen Fleckens vermauert wurden.

Pflanzenwelt/Tierleben

Das links des Weges liegende Kalk-flachmoor weist eine sehr interessante und seltene Flora auf. Dazu gehören verschiedene Braunmoose sowie die seltene Binsenschneide und das Sumpf-herzblatt. Auch einige Orchideenar-ten gibt es hier. Im Moor brütet der Kra-nich und an den Torfstichen/Kalkab-bauteichen verschiedene Wasservogel-arten, unter denen die Große Rohr-dommel und die Wasserralle zu nen-nen wären. Die Naturparkverwaltung plant, einen kleinen Teil des Moores über einen Bohlensteg für Besucher zu öffnen. Zur Zeit ist es jedoch noch nicht möglich und auch in höchstem Maße gefährlich, das Kalkflachmoor zu betreten.

Tour 24
Zarrentin und die Halbinsel Strangen

Anfahrt nach Zarrentin s. Tour 23
Wanderstrecke
      ohne Stadtrundgang mit Rückweg
      ca. 7 km/ 2,5 Std. Stadtrundgang
      ca. 1 Std., doch sollte man sich für
      Kirche u. Kloster mehr Zeit nehmen
Orientierung Karte S. 105
      Informationstafel der Fischerei,
      grüne Hinweispfeile mit Weg- und
      Zeitangaben
Rast Ruhebänke in kurzen Abständen
Einkehr Cafes, Gaststätten und Imbiß
      in reicher Auswahl in Zarrentin

Über eine Treppe gelangt man vom Parkplatz hinunter auf einen Weg, der zum Sportplatz und daran vorbei zur Badeanstalt führt. Man wendet sich nach links und hat von hier schon einen schönen Blick auf den Schaalsee mit der Insel »Möwenburg« und auf die Stadt mit Kloster und Kirche. Vorbei an Badeanstalt, Bootsanleger und Bootsverleih kommt man zur Fischerei. (Einkehr: es gibt guten Schaalseefisch zu probieren).

Am Schiffsanleger beginnt die »Promenade« von Zarrentin, die eigentlich und glücklicherweise ein ganz natürlicher, grasbewachsener Weg ist, auf dem man auch mit dem Fahrrad fahren kann und darf. Er verläuft unmittelbar am Seeufer und ermöglicht die Beobachtung des reichen Vogellebens auf dem Wasser. Bootsstege und -häuschen begleiten die Promenade. Vom Uferweg führen immer wieder kurze Gassen, die »Steige«, hinauf in die Stadt. Bald wandert man unterhalb des Klostergebäudes und der Kirche zum Ende der Promenade. Hier beginnt der Wanderweg zur Halbinsel Strangen. Er führt unter Weiden, Erlen und Pappeln an der Seeseite und den alten Rotbuchen der hohen Böschung zur Linken entlang. Nach etwa 500 m beginnt ein Damm, der den kleinen Kirchensee vom großen Schaalsee trennt. Eine Holzbrücke überquert die flache Verbindung zwischen beiden. Etwa 200 m weiter gelangt man in den Schatten einer schönen Lindenallee. Der Weg erweitert sich zu einem breiten Platz, und man kann nahe an das Seeufer herantreten. Gegenüber sieht man die Halbinsel Techiner Hörsten, links die Waldungen des Kampen-Werder, und rechts blicken wir in die Schalißer Bucht. Hat man Zeit und ein gutes Fernglas, wird man irgendwann die Seeadler über der »Hörsten« kreisen sehen, oder gar den großen Horst auf einer der riesigen Pappeln erblicken.

Man wendet sich nun zurück und geht auf einem Schlackenweg in Richtung der Straße Zarrentin Marienstedt. Zu beiden Seiten des Weges ist sumpfiges Bruchgelände, in welchem der Kranich brütet und sich die Wildschweine zu Hause fühlen. An der Straße angekommen, steht man nun oberhalb des Kirchensees. Neben der schönen Aussicht erkennt man auch, daß der Kirchensee durch den Damm als ehemalige Bucht vom Schaalsee abgetrennt wurde. Man geht nun auf einem breiten Weg zum Kirchensee hinab und wandert an seinem Ufer zurück nach Zarrentin.

Unterhalb des Kloster- und Kirchenkomplexes führen Weg und Stufen zur

Stadt hinauf, und man steht nach etwa 100 m auf einem Platz, der links von der Kirche, rechts vom Rathaus und gegenüber vom Klostergebäude begrenzt ist. Man sollte nicht versäumen, das Innere der Kirche zu besichtigen. An Alltagen ist eine Anmeldung im Pfarramt nötig. Vom Kloster ist nur das Haupthaus mit seinen schönen Gewölben erhalten geblieben. Hier ist auch ein kleines Heimatmuseum untergebracht. Vorbei am Rathaus mit dem Stadtwappen am Giebel gelangt man zur Thomas-Münzer-Straße, die früher »Bauernstraße« hieß. Und sie bewahrt nach wie vor den Charakter einer Dorfstraße mit ihrem alten Kopfsteinpflaster und den eingeschossigen Häusern zu beiden Seiten. Stellenweise ist sie breit wie ein Dorfanger, aus dem sie wohl entstanden ist. Manche der Häuser haben noch den typischen Krüppelwalm, die den Bauernhäusern nachempfundene Dachform. Auch die alte Schule in dörflichem Stil ist hier zu finden. Zum Seeufer hinab führen schmale Gäßchen, aber auch in den moderneren Teil der Stadt gelangt man über diese Steige hinauf zur Breiten Straße mit den vielen kleinen Läden, den Cafes und Restaurants. Von der Breiten Straße zweigen Fernstraßen ab: die Töpferstraße nach Norden nach Marienstedt und Seedorf, die Möllnsche Straße nach Mölln und Gudow, die Bahnhofsstraße, die zum Bahnhof, vor allem aber in Richtung Autobahn Hamburg–Berlin und nach Boizenburg führt.

Welchen Weg man auch durch die Stadt wählt, er ist immer reizvoll, selten hektisch, meist beschaulich, wie es

sich für ein Kleinstädtchen gehört. Übrigens kann man in einem Fotogeschäft an der Breiten Straße gute Ansichtskarten und Fotos der Schaalseelandschaft kaufen. Da beide Straßen parallel zum Seeufer verlaufen, wird man unschwer wieder an den Ausgangspunkt der Wanderung zurückfinden.

Anschluß- und Erweiterungstouren

Von einem Schiffsanleger am Uferweg unterhalb Zarrentin verkehrt in regelmäßigen Abständen ein mit einem Elektromotor betriebenes Boot. Es fährt bis zur Höhe der Halbinsel Strangen und kehrt dann wieder zurück. Die Fahrt dauert etwas mehr als eine Stunde. Zu bestimmten Zeiten wird die Fahrt von einem Mitarbeiter der Naturparkverwaltung Schaalsee begleitet, der den ca. 10 Fahrgästen Erläuterungen und Auskünfte zum Leben am und auf dem Schaalsee gibt. Man beachte die entsprechenden Aushänge an der Anlegestelle.

Kulturgeschichte

Im Jahre 1246 gründeten Audacia von Schwerin und ihr Sohn Gunzelin das Zisterzienser-Nonnenkloster Zarrentin. Bis zu seiner Auflösung im Jahre 1555 wurde es durch Besitzerwerb in der Umgebung und durch den Besitz der Fischereirechte am Schaalsee sehr reich. Das Hauptgebäude des Klosters blieb bis heute erhalten und mußte in der Vergangenheit vielen Zwecken dienen, wurde auch, den jeweiligen Nutzungen entsprechend, vielfach baulich verändert. Noch heute sind die Merkmale der frühen Gotik mit den schönen Spitzbögen über den einzelnen Räumen gut erhalten.

Die ursprüngliche Klosterkirche wurde um die Mitte des 15. Jh. durch die heutige Kirche ersetzt, auch sie im Stil der Gotik, wobei die sog. »Lüneburger Kapelle« noch von der alten Kirche stammen soll. Als besondere Kostbarkeit gilt die Kanzel aus dem Jahre 1535, geschnitzt von dem Lübecker Meister Jacob Reyge. Auf fünf Eichentafeln sind Ereignisse aus dem Alten und Neuen Testament dargestellt. Sie bekleideten einst die Kanzel der St. Marienkirche in Lübeck und wurden als nicht mehr zeitgemäß entfernt. Im Jahre 1699 kaufte sie der Zarrentiner Pastor Andreae aus eigener Tasche für seine Kirche. Weitere bemerkenswerte Kunstwerke sind frühe Wandmalereien besonders im Chor. Der Turm ist deutlich jünger und entstand in den Jahren nach dem Dreißigjährigen Krieg. Der mächtige Feldsteinsockel trägt ein mit Ziegeln ausgefülltes Fachwerk, das zur Wetterseite hin mit Schiefer verkleidet wurde. Das Stadtwappen am Rathaus zeigt zwei Maränen. Schon frühzeitig war die Einmaligkeit der Schaalseemaräne erkannt worden. Um diesen Fisch rankt sich die Sage, die den Landschaftsführer einleitet (s. S. 10), aber zoologisch gesehen sind Maränen generell in tiefen, klaren und sauerstoffreichen Kaltwasserseen beheimatet.

Erdgeschichte

Der Name Schaalsee soll sich von den gewaltigen Packungen Geschiebe besonders am Südende des Gewässers herleiten. Er bedeute »Steinsee« und leitet sich von dem slawischen Wort »scalse« ab. Die aus dem See fließende Schaale würde also »die Steinige« bedeuten und »Schaliß«, der Ort am gegenüberliegenden Ufer, würde danach »Steinort« heißen können.

Tierleben

Von der Uferpromenade kann man die meisten der am Schaalsee brütenden Wasservogelarten beobachten. Am häufigsten sind die schwarzen Bleßrallen mit der weißen Stirnplatte und die bunten Haubentaucher, die im Frühjahr ihre interessanten Balzrituale aufführen. Durch das ständige Füttern sind die Stockenten ohne jede Scheu vor dem Menschen, während Reiher-, Tafel- und Schellenten gebührenden Abstand halten. Höckerschwäne sind ebenfalls dankbare Abnehmer übriggebliebener Frühstücksbrote. Singschwäne wird man nur in der eisfreien Zeit im Winter sehen können. Dann kommen sie recht vertraut bis nahe an die Stadt, da sie in ihrer nordischen Heimat den Menschen nicht als Feind kennengelernt haben. Lach- und Sturmmöwen beleben das Bild dieses schönen Sees. Vor allem am Kirchensee kann man Kormorane auf den Reusenstangen sitzen sehen, wo sie mit ausgebreiteten Flügeln ihr beim Tauchen durchnäßtes Gefieder trocknen. Manchmal ist der Rothalstaucher hier anzutreffen. Wenn man sich still auf eine der Ruhebänke setzt und die Uferzone beobachtet und ein Fernglas zur Hand hat, dann wird man mit Sicherheit den leuchtend blauen Eisvogel sehen können. Den Drosselrohrsänger hört man, besonders bei etwas schwülem Sommerwetter, aus dem Schilf sein typisches »Karre, karre kiet« (plattdeutsch »Korle,Korle, Kiek!«) schmettern. Im Spätsommer kann man von der Insel Strangen aus den Zug der Kraniche zu ihrem Schlafplatz in der gegenüberliegenden Schaliner Bucht beobachten.

Die Große Schaalseemaräne wird heute noch von den Fischern im See gefangen. Doch ist sie seltener geworden, seit sich die Wasserqualität verschlechtert hat. In dem Maße, wie diese Beeinträchtigungen aufhören, ist auch für die Maräne und andere empfindliche Tierarten eine Wiederzunahme zu erwarten. Häufiger ist die Kleine Maräne, neben Aal, Hecht, Barsch und Zander ein »Brotfisch« für die Fischer am See. Auch Krebse gibt es. Nach dem, durch Krankheiten bedingten Aussterben des Edelkrebses sind es vor allem die Amerikanischen Flußkrebse, die hier vorkommen.

Tour 25
Im Grenzstreifen
unterwegs von Kneese
nach Groß Thurow

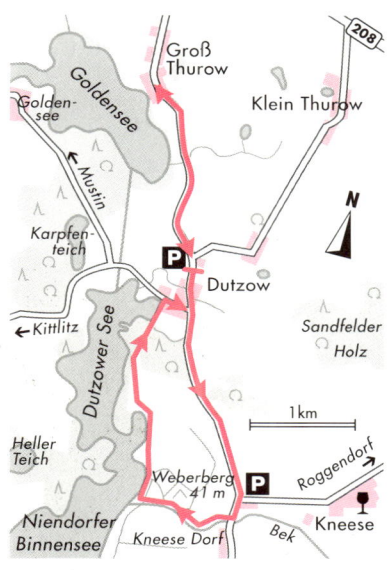

Anfahrt nach Kneese
Pkw Von Zarrentin über Lassahn nach
Kneese; von der B 208 (Ratzeburg–
Gadebusch) in Richtung Zarrentin
bis Kneese und von Roggendorf
(Richtung Schwerin/Gadebusch)
links im Dorf nach Kneese.
Wanderstrecke
Kneese–Groß Thurow 6 km/ 2 Std.,
geringe Steigungen, zwischen
Dutzow und Groß Thurow bei
nassem Wetter rutschige Stellen
Orientierung
s. Tourenkarte rechts u. Wander-
karte vor dem Gemeindehaus
Kneese mit den Wander- (und
Radwegen) des Gebietes
Einkehr Gaststätten in Roggendorf
Quartier Begegnungsstätte Groß Thurow

Die Wanderung führt entlang der
gefallenen innerdeutschen Grenze
durch biologisch interessante Lebensräume und altes Siedlungsgebiet. Man
benutze eine Parkmöglichkeit in der
Nähe der Brücke, die über den Bach
Kneeser Beek führt. Mit und parallel
zum Bach wandert man in Richtung
Schaalsee. Der Weg verläuft über einen Hügel und wird an der linken Seite
vom Bach begleitet. Dahinter liegen
Viehweiden, die sich bis zum NSG
Dohlenwald erstrecken. Rechts erstrecken sich Feuchtwiesen vor einem
Erlenbruchwald. Mitten in den Feuchtwiesen erkennt man einen baumbestandenen Hügel. Es ist der Wäwer-

barg, eine mittelalterliche Burganlage
(s. Kulturgeschichte). Man geht nach
rechts über den Durchlaß eines Ent-
wässerungsgrabens. Mit einem Stau
können hier die Wiesen vernäßt werden. An dieser Stelle hat man die Möglichkeit, die Burganlage genauer zu
betrachten. Weiterhin wird der Weg
sandig-kiesig, und die Pflanzenwelt
verändert sich entsprechend. Man ist
auf einen in diesem Gebiet seltenen
Sander gelangt (s. Erdgeschichte). Vom
höchsten Punkt des Weges hat man
einen guten Überblick über das Gelände mit dem Dorf Kneese im Hintergrund. Hier wird noch einmal die strategisch günstige Lage der Burg deut-

119

lich. Nach etwa 300 m hat man ein ehemaliges Kiesabbaugelände erreicht. Der Uferwald der in den See vorspringenden Halbinsel ist Naturschutzgebiet. Dahinter befindet sich die engste Stelle des nördlichen Schaalsees, der hier in seinen letzten Abschnitt, den Dutzower See, übergeht.

Man könnte vom Kiesabbaugelände auf einem kurzen Weg zu den wenigen Häusern von Sandfeld gelangen und von dort auf der Straße nach Kneese zurückwandern. Es ist aber von den Kiesgruben nicht mehr weit nach Dutzow. Der Weg bleibt sandig und steinig, er wird auf der rechten Seite von einer Magerrasenfläche begleitet. Dahinter erhebt sich ein kleiner Wald, an dessen südlichem Ende eine sehr stattliche, etwa 300jährige Eiche auffällt. Sie ist Vorbote der alten Eichen von Dutzow. Der Weg mündet auf den ehemaligen Gutshof mit einem aus Backsteinen errichteten alten Stallgebäude. Nach links, am Seeufer, geht man an den Feldsteinfundamenten und Gewölben eines alten Speichers vorbei. Hier stehen auch sehr alte und gut gewachsene Eichen. Immer am Seeufer entlanggehend, gelangt man zu den Überbleibseln einer Schloßparkanlage.

Die an der Bucht vorbeiführende Pflasterstraße führt über einen Bach, der vom Goldensee in den Dutzower See fließt. Hier kann man nicht selten den Eisvogel sehen, und auch der Fischotter wurde schon beobachtet. Die etwas »gewaltig« ausgefallene Brücke wurde nach der Wiedervereinigung errichtet. Von hier aus besteht über Tour 1 Anschlußmöglichkeit an die Touren des Naturparks Lauenburgische

Seen. Nach Groß Thurow gelangt man auf der Landstraße.

Links beginnt mit einem Erlenbruch das sumpfige Vorland des Goldensees. An der rechten Seite erstrecken sich Viehkoppeln. Dort, wo kurz vor Groß Thurow ein Graben in den Goldensee mündet, kann man einen Blick auf das Gewässer werfen (s. Tierleben/Kormorane). Man ereicht den Ort, der eigentlich ein langgestrecktes Gutsdorf (Straßendorf) ist. Links kann man auf den Goldensee blicken. Man sieht auf dem schleswig-holsteinischen Ufer das gleichnamige Dorf, welches dem See den Namen gab. Rechts des Weges liegt auf der Anhöhe die Jugendbegegnungsstätte »Alte Schule«. Hier wäre es möglich, kurzzeitig ein Wanderquartier zu bekommen.

Der frühere Gutspark verrät sich mit einigen interessanten Gehölzen, darunter besonders ein riesiger Mammutbaum und zwei pyramidenförmige Eichen. In der Nähe findet sich erneut ein mittelalterlicher Burghügel. Er ist mit Linden bestanden und trägt den Namen »Lustberg«.

Der Rückweg über die Landstraße ist nur eine Verlegensheitslösung. Man sollte einen privaten Abholdienst organisieren.

Kulturgeschichte

Das Dorf Kneese lag bei seiner Gründung im frühen 13. Jh. im südwestlichsten Zipfel des obotritischen Fürstentums. Es ist anzunehmen, daß der Name »Kneese« von slaw. Knyaz =Fürst/Edelmann die Bedeutung »dem Fürsten gehörend,« hatte. Die Wehranlage »Wäwerbarg« ist in keiner Urkunde erwähnt. Es ist ein Ringwall von 40 m Außendurchmesser. Dem Wall ist ein Graben vorgelagert, der auch heute noch im Wiesenbereich Wasser führt. Der Ringwall wird bis 2 m hoch, ein Turmhügel erreicht immer noch eine Höhe von 4 m. Man hat in dieser mittelalterlichen Anlage eine Burg mit Doppelfunktion als Adelssitz und landesherrschaftlicher Grenzfeste gesehen. Bei den Wanderungen durch den Naturpark stößt man immer wieder auf derartige Anlagen, die ursprünglich Grenzfesten waren oder Burgen der Ritter, die aus den deutschen Gebieten in das Land der Polaben vorgedrungen waren und Kolonisten um ihre Sitze ansiedelten. Die Zerstörung der Gutsanlagen in Dutzow und Groß Thurow erfolgte im Zusammenhang mit der Grenzbefestigung nach 1961. Beide Anlagen wurden abgebrochen und ein Teil der Reste des Dutzower Schlosses in den See geschoben!

Der Name »Thurow« deutet auf eine frühe germanische Besiedlung hin. Er wurde von den slawischen Besiedlern um 600 n. d. Z. übernommen und bedeutet etwa »Tränke des Ur« = Thur = Auerochse. Dieser war die Stammform unserer heutigen Hausrinder und wurde im 15. Jh. ausgerottet. Im mecklenburgischen Wappen hat sich sein Bild als Stierkopf erhalten.

Erdgeschichte

Im Bereich des Kiesabbaugebietes bei Sandfeld findet man manchmal einen Donnerkeil, den Rest eines kreidezeitlichen Tintenfisches (Belemnit). Seltener ist der Fund eines Seeigels, der zu Stein erstarrten Kieselsäuremasse, die in die leeren Schalen eines abgestorbenen Stachelhäuters eingeflossen war. Bei den Wanderungen durch den Naturpark sollte man auf

die Lesesteinhaufen an den Feldrändern achten. Man kann hier Fossilien aus fast allen Erdzeitaltern finden. Einem Sander begegnet man später noch einmal am Lankower See (s. Tour 27). Es handelt sich hier gewissermaßen um das »Spülfeld« vor einem abschmelzenden Gletscher, der nach »Korngröße« sortiert, Steine und Sand vor sich ablagerte.

Pflanzenwelt

Auf den Feuchtwiesen entstand eine Hochstaudenflur mit Mädesüß, Kohldistel, Dost und Weidenröschen. An einigen Stellen erobert bereits das Schilf die Fläche. Recht dürftig ist die Besiedlung der Kies- und Sandflächen. Hier herrscht borstiges, hartes Gras vor. An einigen Stellen wächst duftender Thymian. Man findet hier Sandstrohblume, zierliche Heidenelken und Flockenblumen. Die Besenheide versucht sich anzusiedeln. Durch Anflug zerstreut vorkommende Birken bleiben zunächst noch klein und unansehnlich.

Tierleben

Als besondere Kostbarkeit kommt in den Feuchtwiesen wieder der Wachtelkönig vor. Man kann seinen schnarrenden Ruf aus den Hochstauden heraus hören. Der Weißstorch, der am Ortsausgang von Kneese auf einem ausgedienten Leitungsmast sein Nest hat, sucht hier nach Lurchen und Wühlmäusen. Im Erlenbruch nistet der Kranich. Bei einigem Glück und umsichtigem Verhalten kann man ihn bei Balz und Nahrungssuche vor dem Erlenbruch oder auf den Koppeln am Dohlenwald beobachten. Krick- und, seltener, Knäckenten schwimmen auf den Gräben, brüten wohl auch vereinzelt in ihrer Nähe. In die

Wand des Aufschlusses an der Kiesgrube haben Uferschwalben ihre Brutröhren gegraben. Der Weg unterhalb
des Kiesabbaus ist mit Steinen über-
sät. Hier kann man nach Fossilien
Ausschau halten.

Über den Blumen des Magerrasens
fliegen an schönen Tagen Perlmutt-
und Dukatenfalter sowie Bläulinge.
Auch den Schachbrettfalter wird man
gelegentlich sehen können. Ist es son-
nig, trifft man auf dem Weg den Wald-
sandlaufkäfer an, der oftmals in ganzen Scharen vor dem Spaziergänger
auffliegt und sich in einiger Entfernung
wieder auf den Boden fallen läßt. Auch
der smaragdgrüne Feldsandlaufkäfer
kommt gelegentlich vor.

Kurz vor Groß Thurow mündet ein
Graben in den Goldensee. Etwas rechts
von der Mündung liegt eine kleine
Insel, deren einziger Baum durch eine
frühere Besiedlung mit Kormoranen
abgestorben ist. Oft kann man Kormorane heute noch auf der Insel sitzen sehen, wo sie mit ausgebreiteten
Flügeln ihr Gefieder trocknen.

Anschluß- und Erweiterungstouren

Auf der bereits erwähnten Karte der
Rad- und Wanderwege des ehemaligen Kreises Gadebusch vor dem Gemeindehaus in Kneese kann man sich
über lohnende Touren von hier aus informieren. So wäre die (Fahrrad-) Tour
von Dutzow über Marienthal nach
Roggendorf zu empfehlen. Vorbei an
der Dutzower Bucht sind Touren über
Kittlitz nach Bresahn am Schaalsee
oder auch nach Salem lohnend. Über
Goldensee und Mustin gelangt man
nach Ratzeburg. Eine schöne An-
schlußtour kann später einmal von
Groß Thurow durch eine alte Lindenallee zum Culpiner See führen, der zu
Schleswig-Holstein gehört und auf einer Insel eine große Kormorankolonie
beherbergt. Zur Zeit der Erarbeitung
der vorliegenden Tourenbeschreibung
ist ein Betreten dieses Gebietes jedoch
noch mit Lebensgefahr verbunden, da
im Bereich der ehemaligen Grenzsperr-
anlagen Reste des Minengürtels vermutet werden!

123

Tour Nr. 26
Wanderungen und ornithologische Beobachtungen am Röggeliner See

Anfahrt nach Dechow und Klocksdorf
Pkw Von der B 208 nach Dechow
abfahren. P in der Nähe des Spritzenhauses. Von Dechow über Röggelin
nach Klocks zum P am Dorfanger
Wanderstrecke
Dechow bis Badestelle ca 500 m.
In Klocksdorf je nach Vorhaben
500 m bis 3 km/1 Std. Den
Röggeliner See kann man nicht
umwandern! Verbote unbedingt
respektieren!
Orientierung
Informationstafeln in Dechow, in
Klocksdorf und an der Badestelle.
Tourenkarte S. 125
Rast Dechow: am See und der Badestelle;
Klocksdorf: Bänke an der Badestelle
Einkehr Carlow: Gaststätte;
Klocksdorf: Imbiß auf dem Anger,
»Fischerei« im Ort

Diese Wanderung wurde vor allem
für ornithologisch interessierte Wanderer ausgewählt. Ein starkes Fernglas/
Spektiv und ein Sitzkissen sollten zum
Reisegepäck gehören.

Vor der ehemaligen Schule in Dechow steht ein A-Mast mit einem alten
Storchennest. Hier und ca. 200 m weiter zum See besteht Parkmöglichkeit.
Eine Info-Tafel in der Nähe des Storchennestes gibt Auskunft über das engere Gebiet. Schon beim »Spritzenhaus« kann man an das Seeufer herantreten. In der Dechower Bucht sind
alle hier vorkommenden Entenarten,

Graugänse und Kormorane zu beobachten. Um den See besser zu überblicken, wandert man am Seeufer auf
einem Grasweg bis zur Badestelle.
Hier beginnt das Naturschutzgebiet
Kuhlrader Moor und Röggeliner See!
Vom Steg der Badestelle aus sind weitere Beobachtungen möglich. Gegenüber erkennt man den Ortsteil Röggelin und auf einer Halbinsel eine mit
Gesträuch überwachsene Erhebung,
die Burg Röggelin. Am Ende dieser
Halbinsel stehen einige teilweise abgestorbene Bäume. Hier hat nicht selten der Seeadler seinen Ansitzplatz,
und man kann ihn gut beobachten,
wenn man sich ruhig verhält und sich
hinter dem Schilf am Steg verbirgt. Auf
dem Rückweg nach Dechow achte
man auf einige noch gut erhaltene
Bauernhäuser. Ein kleineres Haus dieser Art, eine Büdnerei, wurde schön
restauriert. Es steht in der Nähe des
Storchennestes.

Auf dem Wege nach Klocksdorf
(Wegweiser in Dechow) erreicht man
vorbei an ausgedehnten Viehkoppeln
zunächst Röggelin. Hier hat man eine
schöne Aussicht auf das Gewässer
und die Landzunge mit dem Burghügel von Röggelin. Die Straße führt
weiter an einer Seebucht mit einem
kleinen Gehöft entlang. Etwas weiter,
an der Abzweigung der Straße nach
Demern/Woitendorf, kann man parken. Hier an der alten Badestelle und
zurück bis zum Gehöft kann man das
Vogelleben auf dem See gut beobachten. Nach 1,5 km wird Klocksdorf
erreicht. Schon vor dem Ort führt ein
schattiger Heckenweg nach links zur
Fischerei. Man sollte sich im Fischgeschäft rechts am Ortseingang die

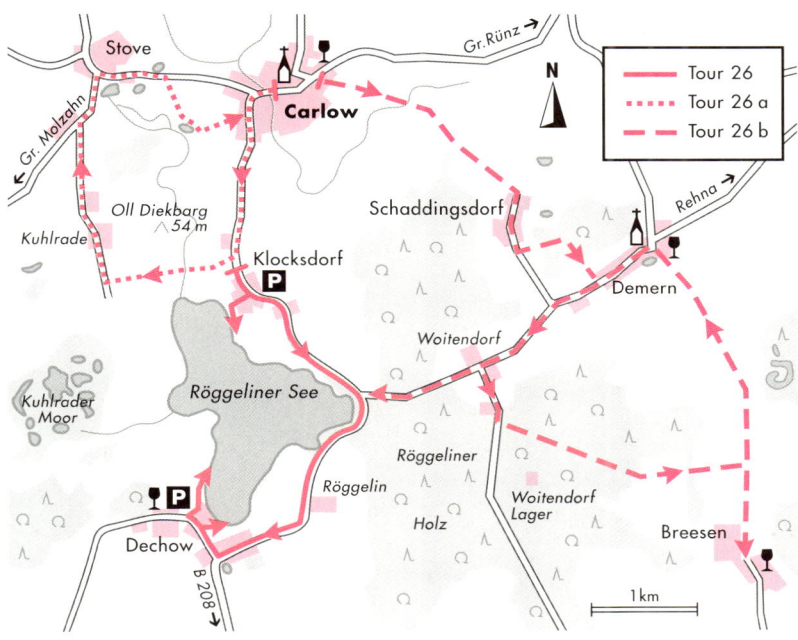

Erlaubnis einholen, das Fischereigelände betreten zu dürfen. Man geht etwa 300 m bis dorthin, kann dort rasten und die Stille am See genießen.

In Klocksdorf parkt man am Dorfplatz (Anger). Der Weg zum See führt zwischen zwei gepflegten Bauernhäusern hindurch zur Badestelle. An der Info-Tafel ist ein Hinweis zur Beobachtungskanzel. Der Weg zu diesem Gruppenhochstand (für ca. 8 Personen) geht über die Liegewiese und dann hart am Seeufer entlang, zwischen dem Zaun der Viehkoppel und dem Wasser. Es sind von der Liegewiese aus knappe 200 m. Hier beginnt der nördliche Teil des Naturschutzgebietes. Man darf am Schild vorbei und nach links dem Zaun folgen. Nach wenigen Schritten erblickt man die mit

Rohholz verkleidete Metallkanzel. (So man hat, leistet ein Sitzkissen gute Dienste, denn ein längerer Ansitz auf der harten Bank kann recht »eindrucksvoll« sein). Ein gutes Fernglas oder ein Spektiv sind ebenfalls zu empfehlen. Man braucht Zeit und Geduld. Dann kann man alle am Gewässer vorkommenden Vogelarten sehen oder hören.

Wandert man von der Badestelle nach rechts, so gelangt man durch die Wochenendkolonie auf einen »wilden« Pfad. Er ist etwas beschwerlich, weil er durch Hochstaudenbestände hindurchführt, ein »Dschungel« aus Weidenröschen und Disteln am Koppelzaun entlang hindurchwinden. Immer wenige Meter vom Seeufer entfernt, vorbei an üppigem Röhricht, gelangt man zum Aalfang, einer fischereilichen Einrich-

125

tung am Abfluß des Sees. Auf dem »Kanal«, der von der offenen Wasserfläche durch das Schilf hindurch zum Aalfang führt, herrscht immer reiches Vogelleben. Stimmenkundige Wanderer können hier seltene Arten »verhören«. Interessant ist die Insel in der Mitte des Sees. Hier befindet sich eine Kormorankolonie und im Windschatten liegen Scharen rastender Enten und

Gänse auf dem Wasser. Bis zur Buschkoppel, einem kleinen Wäldchen, darf man gehen, dann erreicht man wieder die Grenze des Naturschutzgebietes. Der botanisch interessierte Wanderer findet hier eine fast intakte Ufer- und Röhrichtgesellschaft, der Zoologe die dazugehörende Tierwelt. Rückfahrt wie auf dem Herwege oder weiter nach Carlow (s. dazu unter 26a).

Kulturgeschichte

Auf der Burg Röggelin saß bis in das 15. Jh. hinein das Geschlecht der Karlows. Sie hatten auch Burgen in Klocksdorf und Carlow. Das Besondere der Anlage in Klocksdorf war eine auf Pfählen im Wasser stehende Flucht- oder Schlafburg, eine sog. »Kemlade«. Heimatforscher fanden sie da, wo heute der Bootsanleger des Anglervereins liegt. Die Zerstörung der Burg und Kemlade durch Lübecker Truppen muß so schnell erfolgt sein, daß die Karlows nicht allen Hausrat bergen konnten. Er sank aus dem abbrennenden Holzbau auf den Seegrund, wo er 1959 beim Tauchen gefunden wurde. Heute befindet sich der größte Teil der Funde im Landesmuseum. Klocksdorf ist ein Angerdorf, das aus einem Rundling hervorgegangen ist. Gepflegte Bauernhäuser stehen besonders im Südteil des Dorfplatzes. Wie fast alle Dörfer in der Umgebung (ehemaliges Fürstentum Ratzeburg, dann Mecklenburg /Strelitz) wurde Klocksdorf 1230 im Ratzeburger Zehntenregister erstmalig genannt.

Erdgeschichte

Der Röggeliner See ist wesentlich flacher als die Seen der Kette vom Ratzeburger zum Schaalsee. Dem entspricht auch die Umgebung mit ihren mehr sanften Grundmoränenkuppen. Das sich westlich anschließende Kuhlrader Moor ist ein verlandeter See, der durch einen Geschiebelehmrücken vom Röggeliner See getrennt ist. Es ist heute ein ausgetorftes Flachmoor, das sich auf dem Wege der Entwicklung zu einem Waldmoor mit Teichflächen befindet. Es wurde 1957 unter Schutz gestellt. Da es keine Wege in diesem Naturschutzgebiet gibt, ist es nicht zu betreten! Man kann aber gelegentlich an einer Führung der Naturparkverwaltung teilnehmen, die in Randbereiche des NSG führt.

Pflanzenwelt

Von besonderem Wert sind am Röggeliner See die Röhrichtgesellschaften. Wasserschwertlilie, Doldige Schwanenbinse, Igelkolben, Breit- wie Schmalblättriger Rohrkolben und Seebinse kommen hier vor. Letzte Reste einer früher sehr üppigen Schwimmblattvegetation sind noch vorhanden. Allerdings ist die Weiße Seerose bis auf wenige Exemplare im Aalfangbereich infolge der Verschlechterung der Wasserqualität verschwunden. Derzeit beginnt sich das Seewasser zu regenerieren, so daß mit einer Zunahme des Röhrichtgürtels und der Pflanzen der Schwimmblattregion zu rechnen ist. Im Frühjahr blüht wieder erfreulich zahlreich die Sumpfdotterblume auf den teilweise überschwemmten Uferwiesen, und am Röhrichtsaum kommt der Zungen-Hahnenfuß vor. An einer vegetationsfreien Uferstelle westlich der Bungalowsiedlung wächst der Wiesen-Alant.

Tierleben

Viele Kleinvogelarten verraten ihr Vorkommen dem Kundigen durch Rufe und Gesänge. So wird man den Teichrohrsänger eher hören als sehen. Auch der Drosselrohrsänger kommt vor. Der Rohrschwirl ist am Gesang zu orten, der wie das Schnarren einer Heuschrecke klingt. Im Herbst und Winter sind Bartmeisen im Schilf zu vernehmen. Die Große Rohrdommel wird man kaum zu Gesicht bekommen, ihren dumpfen Ruf aber aus der

Bucht am Aalfang hören – besonders im frühen Frühjahr – und der Ruf klingt wie das Brüllen eines Ochsen (Moorochs). Die Rohrweihe brütet in mehreren Paaren im Schilf, und ihre Balzflüge im April und Mai sind sehenswert. Der Herbst, milde Winter und das zeitige Frühjahr bieten die Möglichkeit, viele Durchzügler und Wintergäste zu beobachten. Das gelingt besonders gut vom Gruppenhochstand in Klocksdorf. Pfeif-, Spieß-, Löffelenten, Gänse- und Zwergsäger, Bleß- und Saatgänse, Sing- und Zwergschwäne gehören neben ausgesprochenen Raritäten, die sich hierher verflogen haben (Schneegans, Kanadagans, Nonnengans), zum bunten Bild auf dem See. Vom großen Nahrungsangebot dieser Zeit profitiert der Seeadler. Nicht nur das heimische Paar, sondern auch Jungadler, die umherstreifen, stellen sich dann hier ein. Sie wissen auch das Angebot an Fischabfällen an der Fischerei zu nutzen. Nach Neuschneefällen kann man am Seeufer vielleicht die Spur des Fischotters entdecken, der als heimlicher Wassermarder hier vorkommt. Ihn selbst wird man nur mit sehr viel Glück nach geduldigem Ansitz (Gruppenhochstand) zu Gesicht bekommen.

Anschluß- und Erweiterungstouren
26a Radwanderung nach Carlow

In einer Rundfahrt durch typisch mecklenburgische Landschaft werden von Klocksdorf ausgehend folgende Stationen berührt:

Schöne Heckenwege führen nach Kuhlrade. Die Bauernhäuser des Rundlings wurden mit unterschiedlichem Geschick und gelegentlich sogar sehr geschmackvoll restauriert. Eine Pflasterstraße führt weiter nach Stove. Rechts der Pflasterstraße liegt hinter Viehkoppeln eine Schilffläche, die Reetwisch, sowie ein Buchenhochwald mit vorgelagertem Erlenbruch. Hier sind Kranich und Greifvögel (z.B. Roter Milan) zu Hause. Auf dem Gelände vor der Reetwisch fanden Heimatforscher den Lagerplatz nomadisierender Rentierjäger der Mittleren Steinzeit, deren Hinterlassenschaften zur Schaalseekultur gehören. Es sind Klingen, Schaber und gestielte Pfeilspitzen. Man kann sie in den Museen der Region studieren. In Stove fällt der Mühlenteich auf, dessen Wasser vom Röggeliner See herkommen und zeitweilig mit ihrer Energie das Mischfutterwerk versorgen. Die Mühle an dieser Stelle hat Vorgänger, die bis in das Jahr 1230 zurückzuverfolgen sind. Eine ebenfalls traditionsreiche Schmiede wurde in den 60er Jahren mit sämtlichem Inventar in das Freilichtmuseum von Schwerin-Mueß umgesetzt.

Verläßt man Stove in Richtung Carlow, so fährt man zwischen zwei großen Söllen hindurch, dem »Schwarzen See«, links, und dem »Wiensee«, rechts. Um den ersteren rankt sich die Sage von der versunkenen Kirche. Genährt wird sie durch das Vorhandensein eines Burghügels an seinem Westufer, von Weidengestrüpp verdeckt. Das »Läuten« der Glocke ist wahrscheinlich das Rufen der Rotbauchunken, das im Frühsommer besonders intensiv über die Landschaft klingt. Wendet man sich nach etwa 200 m nach rechts, so gelangt man auf einem grasigen Weg, vorbei am Karpfenteich, nach Carlow.

Es lohnt ein Rundgang durch das gepflegte Dorf. Es ist eines der ältesten Dörfer und wurde bereits 1158 als zum Bistum Ratzeburg gehörend genannt. Es war zu dieser Zeit im Besitz des Geschlechts der Karlows. Die Kirche wurde in ihrem ältesten Teil etwa 1260 errichtet (Feldsteinchor). Eins der ältesten Häuser findet man neben dem Feuerwehrgebäude an dem kleinen Flüßchen Maurine, ein anderes liegt in der Nähe der Kirche. Bemerkenswert eine schön gewachsene Eiche, die das Kriegerdenkmal von 1870/71 beschattet. In der Nähe der Kaufhalle steht ein weiteres Kriegerdenkmal, und ihm gegenüber wurde auf einem Sockel aus Grenzsteinen ein Einscharpflug als Denkmal an die Kollektivierung der Landwirtschaft zu Anfang der 60er Jahre aufgestellt. An der Kaufhalle vorbei führt eine Straße nach Schönberg. In einem der Einfamilienhäuser arbeitet eine Malerin in ihrem Gartenatelier. Mecklenburgische Landschaften und Stilleben sind ihre bevorzugten Motive.

26b Radtour von Carlow (bzw. Klocksdorf) über Schaddingsdorf nach Demern und Breesen mit der Möglichkeit, ein Torfmoor und die Reste seiner einmaligen Pflanzen- und Tierwelt zu besuchen.

Es sind etwa 15 km Fahrtstrecke. Dabei kann man streckenweise den Wegweisern des Rad- und Wanderwegenetzes folgen. Wo dieses nicht ausgewiesen ist, bewegt man sich allerdings auf »eigene Gefahr«. Der Feldweg von Carlow nach Schaddingsdorf biegt in Carlow kurz vor dem Ortsausgang nach Rehna rechts ab. Er ist am Anfang etwas zerfahren, wird aber

dann besser. Nach etwa 500 m überquert man einen Graben, der schon in Carlow ein Flüßchen geworden ist, die Maurine. Der Weg steigt nun etwas an. Zurückblickend kann man hinter den Höhen bei Schlagsülsdorf die fernen Türme Lübecks erkennen. Noch besser sieht man sie vom »Hasenberg«, dem Hügel links des Weges unmittelbar vor Schaddingsdorf. Dieses wird von hier oben als Straßendorf erkennbar. Es bietet mit seinen Obstgärten einen friedlichen Anblick. Ein positives Beispiel neueren ländlichen Bauens ist das Schaddingsdorfer Rauchhaus, in welchem heute noch Würste und Schinken nach alter Tradition im Holzrauch, der durch das Dach oder das »Uhlenloch« am Giebel entweicht, geräuchert werden. Hinter dem letzten Haus abbiegend, wird das trockene Schaddingsdorfer Moor durchquert, und man gelangt nach Demern. Im ehemaligen Gutshaus inmitten eines Restparks liegt die Gaststätte. Etwas zurückliegend findet man in der Mitte des Dorfes die alte Dorfkirche. Es lohnt ein Gang über den Kirchhof und die Besichtigung des Kircheninneren nach Anmeldung im evangelischen Pfarramt in Carlow. Man verläßt den Ort nach Südwesten und gelangt nach gut 1 km an eine Kreuzung. Links geht es zur Försterei Woitendorf, (geradeaus zum Röggeliner See und über Klocksdorf wieder nach Carlow). In Richtung Försterei wird zuerst der ehemalige »Dammkrug« (heute Wohnhaus) passiert, dann rechts ein bäuerliches Gehöft. Am Zufahrtsweg liegt ein heute noch genutzter Backofen, in gebührendem Abstand zum rohrgedeckten Bauern-

129

haus! Das Forsthaus ist noch traditionell erhalten. Man beachte das Geweih eines mächtigen Rothirsches von 18 Enden am Giebel. Etwa 100 m hinter dem Forsthaus biegt der Weg nach links in einen Holzabfuhrweg. Man radelt auf ihm ca. 800 m bis zu einem

A-Mast. Der Weg wird nun zum Grasweg, und man wird das Fahrrad eine Strecke schieben müssen. Man bewegt sich auf einem Damm durch das ehemalige Hochmoor hindurch. Der Weg führt vorbei an alten, noch mit dem Torfspaten ausgebeuteten Torfstichen. Hier hat sich bereits wieder die torfbildende Vegetation angesiedelt bzw. ist sie noch in Resten erhalten geblieben. Etwas weiter allerdings kommt man zu Flächen, die rücksichtslos entwässert und zerstört wurden, um den Torf bis auf den mineralischen Boden hinab abbauen zu können. Er wird vor allem als Torfmull in den Garten»centern« werbewirksam als »nachwachsender Rohstoff« verkauft. Tatsächlich nachwachsend sind jedoch Erden aus Kokosfasern oder Rindenmulch, mit deren Kauf wertvolle Biotope nicht radikal vernichtet, sondern erhalten bleiben! Vielleicht erinnert man sich daran, wenn wieder Balkonblumenerde zu besorgen ist. Am Ende des Dammes durch das Moor gelangt man an den Feldrand bei Breesen. Der Rest eines Feldweges führt zum asphaltierten Landweg nach Demern zurück. Man kann aber auch zunächst nach rechts, nach Breesen fahren, um in der Gaststätte einzukehren. Sie ist originell als Bauernmuseum gestaltet, und der Rückweg nach Dechow oder Carlow könnte auch noch einmal durch das Moor führen.

Kulturgeschichte

Die Baugeschichte der Kirche in Demern kann man bei einer Besichtigung des Inneren ablesen. Der älteste Teil ist der Chor aus dem 13. Jh., das Schiff und der hölzerne Turm stammen aus dem 15. Jh. Zum Inventar gehört ein Altarschrein aus dem frühen 15. Jh. Bei der Erneuerung des Innenraumes kamen Malereien zum Vorschein, die ebenfalls in das 15. Jh. verweisen. Eine granitene Fünte, ein Taufstein mit vier Männerköpfen am Fuß des Schaftes, ist frühromanisch. Außen an der Nord-

wand befindet sich an einem Pfeiler ein Halseisen, in das zu Kirchenstrafen Verurteilte geschlossen wurden. Man kann es noch heute ausprobieren! Auf dem Kirchhof liegt unter einigen alten Grabsteinen das Grab des mecklenburgischen Geschichtsforschers Masch.

Erdgeschichte

Große Blockpackungen von Geschiebe (Findlinge) findet man in den Kiesgruben von Schaddingsdorf.

Pflanzenwelt

Im Restpark von Demern stehen einige sehr alte Eiben. Im Schaddingsdorfer Moor gedeihen Reste einer Hochmoorvegetation mit Sumpfheidelbeere und Besenheide. Im Woitendorfer Moor überzieht das Torfmoos Sphagnum bereits die Ränder der alten Torfstiche. Ihm folgt an vielen Stellen das Wollgras. Auf den erhalten gebliebenen Torfwällen zwischen den Abbaureihen findet man: Moorheidelbeere (Sumpfheidelbeere, Rauschbeere, Trunkelbeere), Heidel- und Preiselbeere, alle drei vom Wild beäst, daher recht kurz gehalten. Die Glockenheide und in ihrer Nähe der Sonnentau kommen vor. Als besondere Kostbarkeit findet man den Sumpfporst. Sein Duft macht den besonderen Geruch des Hochmoores aus. Die Mecklenburger hängten früher Zweige des Porst als »Mottenkraut« in ihre Kleiderschränke zum Schutz gegen Motten.

Tierleben

An sonnigen Tagen kann man die Kreuzotter auf den Torfhaufen finden. Man sollte deshalb achten, wohin man beim Beerenpflücken greift! Sie stehen unter Naturschutz, ihr größter Feind ist der Mensch!

Tour 27
Zum Lankower und Mechower See

mit Schlagsdorf und Anschluß an Touren im Naturpark Lauenburgische Seen

Anfahrt zum wüsten Dorf Lankow
Pkw Von Ratzeburg nach Autokarte und Tourenbeschreibung
Wanderstrecke
ca 5 km/2 Stunden in hügeligem Gelände. Es sollte 2 Tage nicht geregnet haben!
Orientierung
s. Tourenkarte S. 133
Auf Teilstrecken stehen Wegweiser des Gadebuscher Wanderwegenetzes
Rast Raststellen und Ruhebänke am Lankower See
Einkehr Imbißstelle an der B 208, Gaststätte in Schlagsdorf

Wie bei allen Wanderungen im ehemaligen Todesstreifen sind auch hier die Wege teilweise noch miserabel. Für Naturfreunde bietet die urwüchsige Landschaft dafür vielerlei Entschädigungen.

Von der B 208, ziemlich genau in der Mitte zwischen Ratzeburg und Gadebusch, zweigt etwa 500 m nach Passieren der Landesgrenze von Schleswig-Holstein nach Mecklenburg-Vorpommern (an einer Raststätte mit mobilem Imbiß) nach links eine Straße in Richtung Schönberg über Groß Molzahn ab. Auf dieser Straße fährt man in Richtung Wald und wendet sich in der Kurve nach links auf einen kleinen

Parkplatz mit Rastplatz und Informationstafeln. Aber Vorsicht, nicht zu weit fahren, die Situation ist etwas unübersichtlich! Vom kleinen Parkplatz im Wald an der Informationstafel führt eine alte Pflasterstraße zu einem gebüschreichen Gelände, dem wüsten Dorf Lankow. An den noch vorhandenen Obstbäumen, den Blumen alter Bauerngärten und wenigen Mauerresten kann man den Standort der Höfe erkennen. Das Gelände sollte außerhalb des Weges (alte Dorfstraße) nicht betreten werden, da sich tiefe Brunnenschächte und Keller unter Gras und Gestrüpp verbergen und gefährliche Fallen darstellen! Außerdem haben in dieser »Wildnis« bereits seltene Vogelarten Nistplätze gefunden, und die gesamte Fläche steht unter Naturschutz! Einen guten Überblick über die zauberhafte Landschaft und Teile des Sees hat man vom Baarsberg (Trigonometrischer Punkt) am südwestlichen Dorfende. Weit kann man in die Landschaft sehen, erkennt im Norden das Mechower Holz mit dem Dorf Mechow davor und Schlagsdorf mit der schönen Kirche.

Vom Baarsberg muß man zum Ausgangspunkt zurückgehen. Nach links erreicht man die in den Wald hineinragende Nordspitze des Sees, einen hübschen Aussichtspunkt.

Die Seenrinne setzt sich in Richtung Molzahn fort. Hier fließt ein Bach in den See. Man geht um die Nordspitze herum und kommt zu einer in den Wallrücken geschlagenen und geschobenen Schneise, durch die der Signalzaun der Grenze verlief. Sie führt recht steil nach oben und zu einem Rastplatz. Dahinter wendet man

sich nach links und geht am Waldrand entlang, wo noch die Reste eines Weges zwischen Feld und Wald zu erkennen sind. Hören diese auf, muß man ein Stück im Wald entlanggehen, dann nach rechts auf den Feldrand biegen und an einer geeigneten Stelle durch die Hecke gehen und gelangt auf einen dem Dorfe Lankow gegenüberliegenden Wallrücken. Der Hang des Wallrückens zum See hinunter ist mit einem Magerrasen bedeckt. Man kann nun zum Ausgangspunkt zurückwandern, aber auch auf dem Hang bis zum Mechower See weitergehen. Hier wendet man sich auf der Chaussee nach rechts und nach Schlagbrügge, wo man die erste Straße rechts geht und über den »Tischlerweg« zur Schneise im Wald und damit zum Lankower See zurückkommt. Hat man die Nordspitze jetzt wieder umrundet, wendet man sich am Ende des Waldstückes nach links und erreicht den Parkplatz.

Kulturgeschichte

Der Ort Lankow wird bereits 1211 genannt. Er ging aus einer slawischen Siedlung hervor (lakowe = Ort im Sumpf). Es war ein Rundling, an welchem die Höfe, eine Stellmacherei und die Schule lagen, Auch eine Fischerei und eine Gastwirtschaft hat es gegeben. Nachdem die Bewohner ausgesiedelt waren, wurde der Ort Anfang der 70er Jahre im Rahmen der Maßnahmen zur »Sicherung« der Grenze dem Erdboden gleichgemacht. Unmittelbar am Dorfrand, zum steilabfallenden Seevorland hin, befanden sich Grenzzaun und Todesstreifen. Die schmale Seebucht überspannte eine Stahltrosse, von der ein Vorhang von Stacheldraht tief in das Wasser hineinhing und so eine Falle für wagemutige Taucher bildete. In einem strengen Winter, als das Eis trug, wurde hier eine »Hundetrasse« installiert. Die Hunde ertranken, als das Eis schmolz und es von den Grenzsoldaten nicht mehr betreten werden konnte. Das Grenzvorland zur feuchten Niederung hin war vermint. Man sollte es auch heute nicht begehen.

Der Lankower See gehörte bis etwa 1965 zu den Klarwasserseen Mecklenburgs. Durch Verschmutzung, besonders aus der Massentierhaltung

bei Groß Molzahn, wurde der See so extrem belastet, daß er selbst heute noch im Sommer nur geringe Sichttiefen hat. Es wird noch Jahre dauern, bis durch Selbstreinigung der ursprüngliche Zustand wieder einigermaßen hergestellt ist.

Erdgeschichte

Der Lankower See ist ein recht tiefer Rinnensee. Die nach Norden verlaufende langgestreckte Bucht setzt sich bis nach Groß Molzahn hin fort. Beide Seiten werden von Wallrücken begleitet (s. Tour 22). Im Süden, im zu Schleswig-Holstein gehörenden Forst Baalen, endet die Rinne an einer blockreichen Endmoräne. Das dahinterliegende Land ist ein Sander. Auf ihm liegt der Ort Sande, ursprünglich »Auf dem Sande« (s. Tour 23).

Pflanzenwelt

Besonders reich sind die Bestände des gelbblühenden Besenginster im Dorfbereich und auf den Grenzwegen. Viele Kulturpflanzen der Bauerngärten haben sich im Dickicht der Dorfstelle erhalten. Pflanzen der Magerrasen bedecken den Hang der dem Dorf gegenüberliegende Seeseite.

Tierleben

Trotz der starken Belastung des Sees mit organischen Abwässern in den letzten 30 Jahren gibt es noch einen nennenswerten Bestand des Deutschen Edelkrebses. Er überstand die Krebspest und gilt heute als resistent. Er steht unter Naturschutz! Immer wieder gingen dem Fischer recht große Exemplare der Chinesischen Wollhandkrabbe in die Reusen. Sie ist von der Ostsee her über die Trave und die Wakenitz aus dem Ratzeburger See eingewandert. Auf den sandigen

Ginsterhängen des Lankower Wallrückens haben viele Wildkaninchen ihre Baue. Hier findet man im Frühjahr den Stierkäfer (Dreigehörnter Mistkäfer), der Kaninchen»pillen« in seine Brutröhren trägt. Bläulinge, Perlmutter- und Dukatenfalter beleben den Trockenrasen und am Seeufer fliegt »hüpfend« die Blaue Prachtlibelle. Zwischen den borstigen Grasbüscheln und in den Thymianrasen wird man die kleine Gefleckte Heideschnecke finden.

Anschluß- und Erweiterungstouren 27a

Sehr zu empfehlen ist eine Wanderung um den Mechower See (8 km/ 2-3 Stunden in ebenem Gelände). Dazu sollte man als Ausgangspunkt den kleinen Parkplatz am Südostende des Sees wählen, den man vom Rastplatz im Lankower Wald über die Dörfer Groß Molzahn und Schlagbrügge oder direkt von Ratzeburg her erreicht (s. Tourenkarte).

Vorbei an einer Badestelle geht man nach Wietingsbeck ins Schleswig-Holsteinsche und in den Naturpark Lauenburgische Seen zuerst zur Informationsausstellung des »Zweckverbandes Schaalseelandschaft« im ehemaligen Fischerhaus. Hier beginnt die empfohlene Tour 27a. Sie folgt zuerst dem Wanderweg am westlichen Ufer des Mechower Sees. Ein grasbewachsener Weg läßt sich bequem begehen. Links steigt das Ufer manchmal terrassenartig, etwa 5 Meter an. Hier krönt eine alte Eiche den Hang. Das schüttere Röhricht erlaubt von Zeit zu Zeit einen Blick auf den See, sein Vogelleben und das gegenüberliegende

Schlagsdorfer Ufer mit der Badestelle. Nach etwa 1,5 km erreicht man den Abfluß des Sees nach Bäk und dem Ratzeburger See. Hier steht eine Ruhebank. Ein stiller Ansitz lohnt, denn viele Kleinvögel beleben den Röhrichtsaum. Weiter geht es jetzt am Bach entlang auf das Dorf Mechow zu. Der Gutshof wird überquert. Vor dem Gutshaus ist auf Findlingsblöcken ein Wegweiser errichtet, der die Straße nach Ratzeburg zeigt. Großen Findlingsblöcken begegnet man entlang der Dorfstraße. Sie sind als Gestaltungselemente vor den Gärten aufgestellt. So auch vor dem Bauernhaus eines Landwirtes, der für Produkte aus der Geflügelfreilandhaltung wirbt. Hier biegt man nach rechts auf einen asphaltierten Wirtschaftsweg, der, von Hecken gesäumt, wieder zum Seeufer zu einer beschaulichen Raststelle vor einer zauberhaften Landschaft führt. Weiter geht es an einer Kopfpappelreihe entlang. Durch Lücken in der Baumreihe kann man die vielen rastenden Wasservögel in diesem besonders geschützten, nördlichen Seeteil beobachten. Hier, am Nordende, überspannt eine sehr alte, kunstvoll gebaute Steinbrücke, die Aalkistenbrücke, einen Graben, der sein Wasser in der Feldmark um Schlagsdorf sammelt, und zugleich gelangt man wieder in den »Naturpark Schaalsee« und nach Mecklenburg zurück. Vor der Brücke sollte man jedoch vorsichtig an eine Lücke in der Hecke herantreten und die kleine Insel im Schutze des Schwarzdorns betrachten, auf der sich eine Kormorankolonie angesiedelt hat (s. Tierleben).   .

Bald gelangt man auf einen Weg mit einer Betonspur, der sanft aufwärts führt. Kurz bevor man nach rechts zum Dorf Schlagsdorf abbiegt, sollte man den Hügel zur Linken ersteigen. Eine primitive Treppe führt seitlich (»auf eigene Gefahr«) zu einem schönen Aussichtspunkt. In seiner ganzen Breite und Schönheit bietet sich im Osten Schlagsdorf mit der Kirche und alten Schule den Blicken dar. Im Südosten blaut der Forst Baalen am Lankower See. Den Mechower See sieht man im Süden, dahinter am Horizont das Dorf Ziethen, und über die Felder des Dorfes Mechow kann man zum Turmdach des Ratzeburger Domes blicken.

Nun geht man auf der Betonspur nach Schlagsdorf und macht um die alte Dorfkirche einen Rundgang durch den Ort. Danach wendet man sich über den Hof der ehemaligen Domäne wieder in Richtung See zur Badestelle. Hier geht man nach links und wandert am nördlichen Seeufer zum Ausgangspunkt zurück.

Kulturgeschichte

In einer Urkunde von 1158 wird Schlagsdorf zum ersten Mal genannt. Die Schlagsdorfer Kirche existiert mindestens seit 1194. Eine Besichtigung des Kirchenraumes lohnt. Die Erlaubnis dazu ist im Pfarrhaus einzuholen! Drei Joche einer zweischiffigen Hallenkirche bilden einen wundervollen Raum. Ende des 15. Jh. wurde der Chor angebaut. Der Turm kam im 16. dazu. Das Kirchenbild erinnert an den wenige Kilometer westlich gelegenen Ratzeburger Dom. Altar und Kanzel sind sehenswerte Kunstwerke und unter den alten Leuchtern fällt der St. Georgsleuchter mit dem Geweih eines starken Hirsches besonders auf. Auf dem Kirchhof steht eine uralte

Bauernhaus von 1796 in einem Ensemble anderer bäuerlicher Gebäude eingerichtet werden.

Erdgeschichte

Die vom Ratzeburger See weiter nach Süden verlaufende Rinne, in der der Mechower See liegt, setzt sich bis hinunter zum Schaalsee fort.

Tierleben

Der Mechower See ist infolge seiner günstigen Einflugmöglichkeiten für viele Wasservogelarten Rast-, Schlaf- und Mausergewässer. Es fallen zu Zeiten besonders die riesigen Scharen der Reiherenten auf. Auch Gänsearten sind auf dem Zug zu Tausenden auf dem See. Beeindruckend sind die Flugspiele der einfallenden Bleß- und Saatgänse im Herbst. Die Kormorankolonie entstand in der Abgeschiedenheit der Grenze. Zeitweilig brüteten auf dem einzigen Baum der Insel bis zu 60 Paare. Der ätzende Kot der Vögel hat die Weide zum Absterben gebracht. Sie brach bei einem Sturm herunter. Nun gehen die Kormorane teilweise zur Brut am Boden über. Der Tierfilmer Heinz Sielmann hat ein Jahr vor der Wiedervereinigung hier einen Film über die Tierwelt zwischen den Grenzzäunen gemacht, dabei stand diese Kormorankolonie im Mittelpunkt.

Linde, unter der 1518 Landgericht gehalten wurde. An der Südseite der alten Pfarrscheune gegenüber der Kirche wurde 1990 die symbolträchtige Plastik »Geteilter Torso« als Symbol der Wiedervereinigung aufgestellt. Sie ist eine Schöpfung der mecklenburgischen Bildhauerin Ursula Mertens. Ein Gang durch das langgezogene Straßendorf lohnt. Einige der alten Bauernhäuser sind noch gut erhalten. Unter ihnen ist das Rethelsdorfsche Haus hervorzuheben. In absehbarer Zeit soll ein »Grenzlandmuseum« in Schlagbrügge in einem alten

Tour 28
Zu den Utechter Kerb-
tälern und auf Wakenitz-
fahrt nach Lübeck

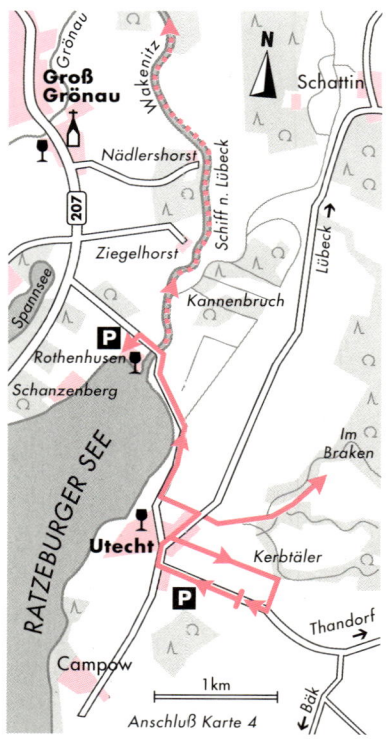

Anfahrt nach Utecht
Pkw nach Autokarte, in Utecht zum
    P in der Nähe der alten Schule oder
    am Bus-Wendeplatz
Wanderstrecke
    zu den Kerbtälern etwa 3,5 km/
    2 Stunden, bei geringen Steigungen
    auf teils nassem Grund.
Orientierung
    s. Tourenkarte rechts und Informa-
    tionstafel in der Dorfmitte
Rast unterwegs Ruhebänke
Einkehr Gasthaus „Fährhaus"
    in Rothenhusen

Ausgangspunkt ist die alte Schule in
Utecht (Poststelle). Der Weg führt
nach Osten. Ein kleiner Teich bleibt
links liegen, und man geht auf einem
grasbewachsenen Weg auf eine Viehkoppel zu. Rechts beginnt ein Heckenweg. Er ist zu Anfang etwas schwierig
zu begehen, wird aber bald besser.
Vorbei an einer Eichengruppe erreicht
man auf diesem Pfad den Hochwald.
Hier steht eine Ruhebank. Unmittelbar dahinter stößt das westlichste der
Kerbtäler zum Weg. Auf seinem Grunde fließt der Bach, dem das Tal seine
Entstehung verdankt. (s. Erdgeschichte).
Diesem Kerbtal folgt man und überquert es in seinem oberen Teil auf einem Steg, um sich dann gleich darauf
nach rechts zu wenden. Auch hier
steht eine Ruhebank. Geht man nun
weiter auf der rechten Talseite entlang,
so stößt man bald auf einen Hecken-

weg, der von rechts, von der Landstraße, herkommt. Diesen Weg schlägt
man nun ein. Kurz vor Erreichen der
Landstraße Thandorf–Utecht öffnet
sich die Hecke zu einem weiten Blick
in das Land, bis hin zu den Türmen von
Lübeck. Geht man die Straße zunächst
in Richtung Thandorf, also nach links,
ca. 150 m bergauf, so erreicht man den
Aufstieg zur höchsten Erhebung in der
Umgebung (80,5 m ü. NN). Man kann
bei guter Sicht weit in das Land Schleswig-Holstein sehen, unter sich den
Ratzeburger See. Am Vormittag bietet
sich günstiges Fotolicht, aber auch in
das Mecklenburger Land hinein hat
man schöne Aussicht. Der Weg nach

Utecht zurück führt auf der Land-straße hinab, wenn man es wegen des Verkehrs nicht vorzieht, wieder auf dem gleichen Wege zurückzugehen.

Die beiden anderen Kerbtäler sind noch tiefer und wildromantischer ein-geschnitten, aber nur auf Pfadfinder-art zu entdecken: Man geht in Utecht zum Ortsausgang in Richtung Schat-tin und biegt gleich hinter dem großen Werkstatthof nach rechts auf einen as-phaltierten Wirtschaftsweg ein. Im Buchenhochwald, den man nach etwa 300 m erreicht, liegen die Täler. Man kann an einigen Stellen durch den Waldmantel eindringen. Eindrucksvoll ist diese Landschaft auch im Herbst und besonders im Frühjahr, wenn ein Tep-pich von Anemonen den Waldboden und die Hänge der Schluchten bedeckt.

Kulturgeschichte

Utecht wurde im 13. Jh. Besitz des Johannisklosters zu Lübeck. Bis 1937 blieb es eine Exklave Lübecks. Dann erfolgte eine Gebietsbereinigung, und Utecht wurde in den Kreis Schönberg nach Mecklenburg eingemeindet. Die Reste einer Wassermühle, die aus den Bächen der Kerbtäler das Wasser für den Antrieb bezog, kann man heute an der Badestelle am Ratzeburger See finden. In der Zeit der innerdeutschen Grenze war Utecht mit den üblichen Sperranlagen vom See getrennt.

Erdgeschichte

Im Laufe der Jahrtausende haben die Bäche, die im Braaken, dem Waldgebiet oberhalb Utechts, entspringen, tiefe Rinnen mit Gleit- und Prallhängen aus dem Geschiebelehm gewaschen und damit die einzigartigen Kerbtäler geschaffen. Etwas weiter nördlich im Braaken (Zugang durch einen Heckenweg, der von der Straße Utecht-Schattin zum Wald hochführt) findet man weitere Kerbtäler.

Pflanzenwelt

Im Frühjahr blühen unter den Rotbuchen in den Kerbtälern viele Frühblüher. Neben den Anemonen (Buschwindröschen) kann man Lerchensporn und stellenweise auch das Leberblümchen finden. Die Rötliche Schuppenwurz wächst als blattgrünlose Schmarotzerpflanze aus dem vorjährigen Laub heraus. Am Weg in der Hecke und an einigen lichteren Stellen kann man in dieser Zeit auch die Kesselfallen des Aronstabs finden.

Tierleben

In den kleinen Kolken der Bäche wimmelt es zu Zeiten von Bachflohkrebsen. Im Bereich des Zusammenflusses aller Kerbtalbäche findet man kleine Schwärme des Neunstachligen Stichlings. In die Talhänge haben Fuchs und Dachs ihre Baue gegraben.

Anschlußtour
Eine Wakenitzfahrt nach Lübeck.

Eine neue Straße führt von Utecht nach Rothenhusen. Man hat links den Ratzeburger See, durch einen Erlenbruchwald von der Straße getrennt. Rechts des Straßendammes liegen Feuchtwiesen mit einer interessanten Hochstaudenflora, die weiter nördlich in den Kammerbruch übergehen. Die Straße führt über eine Holzbrücke auf die schleswig-holsteinische Seite der Wakenitz. Dieser Fluß verbindet den Ratzeburger See mit Lübeck und ist eine alte Schiffahrtsstraße, die große Bedeutung für den Handel der Lübecker hatte. Heute ist sie ein reizvolles Sportgewässer für Kanuten, Ruderer und Wasserwanderer. Man parkt gleich hinter der Wakenitzbrücke und geht dann zur Anlegestelle der Motorboote, die nach Ratzeburg oder nach Lübeck beim alten Fährhaus ablegen. Von hier ist ein Tagesausflug nach Lübeck zu empfehlen. Es ist eine beschauliche Reise, die man über 14 km Fahrt durch eine schöne Flußlandschaft genießt. Man sollte eines der Fahrgastschiffe am Vormittag benutzen, in Lübeck an der Moltkebrücke aussteigen und den Stadtkern besichtigen, um dann am Nachmittag wieder nach Rothenhusen zurückzukehren. Eine Routenbeschreibung erübrigt sich, weil vom Schiffsführer über einen Lautsprecher Erläuterungen zur Fahrtstrecke und den historischen Geschehnissen um die Wakenitzfahrt gegeben werden. In Lübeck lasse man sich von dem kleinen Stadtplan leiten, den man an Bord des Schiffes erhält.

Man kann von Rothenhusen auch einen Ausflug nach Ratzeburg unternehmen. Mit einem der beiden großen Fahrgastschiffe (»Mecklenburg« und »Heinrich der Löwe«) kann man nach Ratzeburg fahren (s. Tour 4), die Stadt besichtigen und wieder mit dem Schiff zurückkehren, oder man wandert von Ratzeburg über Bäk, Kalkhütte, Campow und Utecht nach Rothenhusen zurück (etwa 12 km/4 Std.).

Kulturgeschichte

Rothenhusen ist eine alte Fährstelle. Das Fährhaus existiert in seiner heutigen Form seit 1583. An der zum See weisenden Giebelseite erkennt man das Lübecker Wappen. Hier endete das Fischereirecht der Lübecker, die die Wakenitz befischten. Der Fluß liegt etwa 3 m höher als die Trave in Lübeck. Über einen „Düker" führt die Wakenitz das Wasser des Ratzeburger Sees zur Trave und damit in die Ostsee.

Pflanzenwelt

Durch den Schwall des Bootes werden die ufernahen Bestände des Pfeilkrautes, die Schwimmblätter und Blüten der Gelben Teichrose und andere Uferpflanzen unter Wasser gedrückt. Je weiter man nach Lübeck kommt, um so mehr nehmen die Bestände der Weißen Seerose zu.

Tierleben

Durch den ständigen Verkehr auf dieser Wasserstraße haben die meisten Wasservögel ihre Scheu verloren. Bleßrallen und Stockenten betteln bei Rothenhusen um Futter. Hier findet man auch Bastarde der Stockente mit den Hausentenrassen. Je weiter man von Rothenhusen entfernt ist, um so natürlicher wird das Tierleben auf dem Wasser. Da steht schon einmal ein Graureiher am Ufer und läßt das Boot nahe an sich vorbeiziehen. Oder der Eisvogel schwirrt am Boot vorüber. Gänsesägerweibchen führen ihre Jungen auf dem Fluß und schwimmen nur etwas zur Seite um dem Fahrzeug auszuweichen. Der kundige Beobachter sieht schon einmal ein Nest der Beutelmeise von einer Birke oder Weide herabhängen. In der Wakenitz kommt heute noch der Fischotter vor. Wenn man allerdings eine Schwimmspur sieht, wird es sich wohl meistens um eine Bisamratte handeln, die auch sehr schnell abtaucht. Bis zur Jahrhundertwende gab es in der Wakenitz noch Europäische Nerze. Heute kann es vorkommen, daß sich ein entflohener Amerikanischer Nerz, ein Farmnerz, hier sehen läßt.

Fremdenverkehrsinformation

Fotonachweis

»Alte Salzstraße« e.V.
Fremdenverkehrsverband
Am Markt 10
23909 Ratzeburg
Tel: (04541) 2006
Fax: 04541 84553
(für allgemeine Informationen)

Amt f. Lübeck Werbung u.Tourismus
Beckergrube 95
23552 Lübeck
Tel: (0451) 1228109

Ratzeburg Information *
Schloßwiese 7
23909 Ratzeburg
Tel: (04541) 800080/81

Städtische Kurverwaltung Mölln *
Kurzentrum
23879 Mölln
Tel: (04542) 7090/99 Q

Touristeninformation Geesthacht
Markt 15
21505 Geesthacht
Tel: (04252) 13278

Fremdenverkehrsamt Lauenburg *
Schloß
21481 Lauenburg
Tel: (04153) 590981

Fremdenverkehrsamt Lüneburg
Am Markt
21335 Lüneburg
Tel: (04131) 32200

* **Zimmervermittlung** (Buchungen)

Barbara Denker: 1, 8, 10, 19, 20, 27, 28, 38, 42, 46, 48, 51, 60, 61, 73, 74, 91, 98

Helmut Druffel: 22, 29, 64, 68

Werner Hinzmann: 2/3, 13, 14, 16, 30, 34, 49, 52, 57, 59, 76, 79, 82, 84, 87, 88, 96, 100, 146

Karl Heinz Molkenthin: 104, 108, 111, 112, 114, 120, 123, 126, 130, 137, 139, 141, 142

Elsbeth Moser: 97, 117

Mönke: 102

Thomas Neumann: 23, 24, 70, 107, 134

Orts-Register

Holsten-Brauerei AG
12 Jahre Engagement für den Naturschutz

Seit 12 Jahren unterstützt die Holsten-Brauerei AG Naturschutzvorhaben im norddeutschen Raum. Bei vielen Gebieten, die in diesem Führer beschrieben werden, konnten mit Hilfe der Holsten-Brauerei AG Flächen für den Naturschutz gesichert werden. Zum Beispiel:

Salemer Moor

Mit finanzieller Unterstützung der Holsten-Brauerei AG konnte der WWF Ackerflächen erwerben, die das Moor stark belasteten. Sie wurden in Extensivgrünland umgewandelt und dem Schutzgebiet eingegliedert.

Göttinger Heidehänge

Die Holsten-Brauerei AG unterstützte die Stiftung Herzogtum Lauenburg beim Kauf von Hangflächen, auf denen wertvolle Reste der lauenburgischen Wärmeheide erhalten werden.

Ackerbrachen im Raum Gudow

Mit Hilfe der Holsten-Brauerei AG konnte die Stiftung Herzogtum Lauenburg ca. 50 ha landwirtschaftliche Fläche aufkaufen, die sich über Brachestadien zu Magerrasen und Heideflächen zurückentwickeln sollen.

Schaalsee

Jährlich stellt die Holsten-Brauerei AG beträchtliche Summen für Flächenaufkäufe im Schaalseegebiet zur Verfügung.

WENN SIE LEISTUNG ERWARTEN, SOLLTEN WIR UNS ZUSAMMENSETZEN.

FRAU WIGGER, KUNDENBERATERIN IN BÜCHEN

Leistung und Vertrauen sind für uns die Basis einer guten und erfolgreichen Bankverbindung. Dabei bedeutet Leistung nicht nur gute Produkte und klare Konzepte. Im Vordergrund steht vor allem die persönliche und individuelle Beratung über Ihre Pläne und Ziele. Dafür setzen wir uns mit unserer Erfahrung, unserem Wissen und allen technischen Möglichkeiten ein.

Ob privat oder geschäftlich - wenn Sie Leistung in Sachen Geld erwarten, sollten wir uns einmal zusammensetzen.

Kreissparkasse

Unsere Bank im Kreis

Wir machen den Weg frei

Ihr Vermögen soll groß und stark werden.
Wir helfen Ihrem Vermögen auf die Beine. Unsere Berater informieren Sie über die besten Anlagemöglichkeiten. Bestimmt ist eine dabei, mit der Ihr Geld mehr aus sich macht.

V X Volksbank Raiffeisenbank